OSHO
VERLAG

Dieses Buch enthält Auszüge aus verschiedenen Diskursen Oshos. Es repräsentiert nicht das gesamte Spektrum seiner Erkenntnis, sondern bietet eine Kostprobe seiner Weisheit – die sich nicht nur auf diesen Themenkreis erstreckt, sondern auf viele andere Dimensionen der Evolution menschlichen Bewusstseins.

Umschlaggestaltung: Bunda S. Watermeier
Satz: Gini Grafix

Published by arrangement with Osho International Foundation,
www.osho.com
Bahnhofstraße 52, 8001 Zürich, Schweiz
Druck. Wiener Verlag, Wien
Printed in Austria

ISBN 3-925205-50-0

OSHO	Die kleine Reihe

Liebe beginnt nach den Flitterwochen

Inhalt

Die Liebe und das liebe Ego 6
Ich bin für die Liebe 13
Hingabe ist das Geheimnis 20
Wenn Freiheit da ist, antwortet die Liebe 33
Freiheit, Hoffnung, Schuldgefühle 41
Akzeptiere den Rhythmus der Liebe 44
Liebe kann ohne Verständnis nicht existieren 47
Sex, Liebe und Romantik 49
Coito – ergo sum 53
Hör auf zu denken – gib dich hin 56
Der andere ist nie verantwortlich 58
Mit negativen Gefühlen umgehen 60
Wiederhole nicht das alte Muster 65
Ist eine Beziehung eine Art Koan? 67
Liebe ist ein Geheimnis – kein Problem 73
Die Frau - die andere Hälfte? 80
Die innere Frau und die äußere Frau 85
Liebe ist keine kurzlebige Blume 86
Liebe fühlt sich niemals erfüllt an 88
Zuerst Erregung, dann Liebe, dann Freude ... 92
Das Ende der Leidenschaft 96
Liebe braucht Bewusstheit 101
Sei ehrlich - um jeden Preis 106
Liebe bringt Freiheit, Liebe gibt Freiheit 107
Eifersucht hat nichts mit Liebe zu tun 110
Die Flitterwochen sind vorbei 115
Heiraten? Nehmt es spielerisch! 126

Gute Frauen und schlechte Männer ...	131
Liebes-Ehen und Hass-Ehen	137
Die zwei Gesichter der Liebe	140
Dauerhaft ist nicht ewig	144
Das eigene Abbild sehen	155
Mach bloß keinen Alptraum daraus	157

Die Liebe und das liebe Ego

Ich habe von einem uralten Baum gehört, dessen Krone so gewaltig war, dass seine Zweige bis in den Himmel reichten. Zu seiner Blütezeit tanzten die buntesten Schmetterlinge um ihn herum und wenn er Früchte trug, kamen seltene Vögel aus fernen Ländern, um in seinem Laub zu singen. Seine Zweige waren wie ausgestreckte Hände, die alles segneten, was sich in seinem Schatten niederließ und ganz besonders liebte er einen kleinen Jungen, der jeden Tag kam, um zu seinen Füßen zu spielen.

Das Große kann das Kleine lieben, wenn das Große nicht um seine Größe weiß. Der Baum wusste nicht, dass er groß war; nur der Mensch stellt solche Vergleiche an. Nur der Mensch bildet sich ein, groß zu sein, weil er ein großes Ego hat. Aber in den Augen der Liebe ist niemand groß oder klein. Liebe ist allumfassend und kennt keine Unterschiede, Liebe liebt, was immer sich ihr nähert.

Also entwickelte der Baum eine tiefe Liebe zu dem kleinen Jungen, der in seiner Nähe spielte. Seine Zweige wuchsen hoch in die Luft, aber er beugte sich tief zu dem Jungen herab, sodass der seine Blüten und Früchte erreichen konnte, um sie zu pflücken.

Liebe ist jederzeit bereit, sich niederzubeugen. Das Ego ist nie dazu bereit. Wenn du dich einem Ego um Liebe bittend näherst, streckt es seine Nase noch höher in die Luft und macht sich noch steifer, sodass es vollends unmöglich ist, ihm nahe zu kommen.

So neigte der Baum seine Äste dem spielenden Kind entgegen und freute sich, wenn es seine Blüten pflückte. Sein ganzes Wesen war vom Glück der Liebe zu ihm erfüllt.

Liebe ist immer froh und glücklich, etwas geben zu können; das Ego ist immer froh, wenn es etwas nehmen kann.

Der Junge wuchs heran; manchmal schlief er im Schoße des Baumes, manchmal aß er seine Früchte und manchmal flocht er eine Krone aus seinen Blüten und spielte „Dschungelkönig".

Man wird zu einem König, wenn die Blumen der Liebe in einem aufblühen, und zum armseligen Bettler, wenn das Ego mit seinen Dornen überall aneckt.

Der Baum war überglücklich zu sehen, wie der kleine Junge die Krone trug und herumtanzte. Er nickte gutmütig und ließ seine Blätter liebevoll im Wind rauschen, um seinen Tanz mit Musik zu begleiten. Als der Junge größer wurde, begann er den Baum hinaufzuklettern und in seinen höchsten Zweigen zu schaukeln. Der Baum war selig, wenn er sich in seinen Zweigen ausruhte.

Liebe ist immer glücklich, jemandem eine Freude zu machen; das Ego freut sich immer, wenn es jemandem das Leben schwer machen kann.

Mit der Zeit hatte der Junge andere Dinge zu tun, als in seinem Baum zu spielen. Er wurde ehrgeizig. Er musste Prüfungen bestehen, traf sich mit seinen Freunden, unterhielt sich, ging mit ihnen spazieren und so kam er nur noch selten. Aber der Baum wartete immer sehnsüchtig auf sein Kommen und rief aus tiefster Seele: „Komm, komm, ich warte auf dich."

Liebe wartet Tag und Nacht und so wartete der Baum und war traurig, dass der Junge nicht kam. Liebe trauert, wenn sie nicht teilen kann. Liebe ist dankbar, wenn man sie entgegennimmt und am glücklichsten ist sie, wenn sie sich vollkommen bis zur Neige hingeben kann. Je älter der Junge wurde, desto seltener kam er zu dem Baum.

Ein Mensch, der in der Welt erfolgreich ist, dessen Ehrgeiz immer größer wird, findet immer weniger Zeit für die Liebe.

Der Junge war jetzt völlig damit beschäftigt, eine große Karriere zu machen. Als er eines Tages zufällig vorüberging, sagte der Baum: „Ich warte Tag und Nacht auf dich, aber du kommst nie mehr."

„Wozu sollte ich zu dir kommen? Was hast du schon? Ich brauche Geld. Hast du vielleicht welches?"

Das Ego hat immer ein Motiv. Das Ego tut nur Dinge, die einen bestimmten Zweck erfüllen. Liebe kennt keine Motive. Liebe ist sich selbst der Lohn.

Der Baum war erschrocken und sagte: „Du kommst nur noch, wenn ich dir etwas geben kann?"

Wenn man etwas zurückhält, liebt man nicht. Liebe gibt bedingungslos, nur das Ego hält zurück, stellt Bedingungen und hortet so viel, wie es kriegen kann.

„Wir Bäume leiden nicht unter dieser Krankheit", sagte der Baum, „und sind unseres Lebens froh. Wir blühen im Frühling und tragen Früchte im Herbst, aber wir haben kein Geld. Und trotzdem kommen die Vögel und singen in unseren Zweigen. Wenn wir anfangen würden, nach Geld zu suchen, müssten wir auch in die Tempel gehen wie ihr armen Menschen und lernen, wie man seinen Frieden und seine Liebe wiederfindet. Nein, wir brauchen kein Geld."

„Ja, was soll ich dann bei dir", fragte der Junge. „Ich gehe dahin, wo ich zu Geld kommen kann, denn das ist es, was ich brauche."

Das Ego braucht Geld, weil es Macht haben will.

Der Baum dachte einen Augenblick lang nach und sagte dann: „Mein Liebling, gehe nirgendwo anders hin, pflücke meine Früchte ab und verkaufe sie auf dem Markt. So kommst du zu Geld."

Die Miene des Jungen erheiterte sich sofort. Er kletterte auf den Baum und pflückte alle Früchte ab, selbst die unreifen schüttelte er vom Baum. Der Baum war glücklich, auch wenn einige seiner Äste abgebrochen und viele seiner Blätter zu Boden gefallen waren.

Auch gebrochen zu werden, macht die Liebe glücklich, während das Ego nicht glücklich ist, selbst, nachdem es etwas erhalten hat, denn das Ego verlangt immer nach mehr.

Der Baum merkte gar nicht, dass der Junge sich kein einziges Mal nach ihm umdrehte, als er fortging. Er hatte seinen Dank erhalten, als der Junge sein Angebot annahm.

Lange Zeit kam der Junge nicht zurück. Er hatte Geld mit den Früchten des Baumes verdient und war damit beschäftigt, mehr Geld daraus zu machen. Er vergaß den Baum völlig. Jahre vergingen und der Baum weinte und wartete sehnsüchtig auf den Jungen wie eine Mutter, die ihr Kind verloren hat. Sein ganzes Wesen war vom Schmerz der Sehnsucht erfüllt.

Nach vielen, vielen Jahren, als der Junge schon längst ein erwachsener Mann geworden war, kam er wieder einmal zu dem Baum. „Komm, mein Junge", sagte der Baum entzückt, „komm, lege deine Arme um meinen Stamm."

„Hör auf mit dieser Gefühlsduselei", sagte der Mann.

„Das war einmal, als ich noch ein Kind war."

Das Ego betrachtet Liebe als Schwachsinn, eine kindische Schwärmerei.

Aber der Baum bat ihn: „Komm, schwing dich hinauf in meine Zweige und spiele noch einmal mit mir."

Der Mann sagte: „Lass dieses Geschwätz. Ich muss ein Haus bauen und weiß nicht wie. Kannst du mir ein Haus besorgen?"

Der Baum rief: „Ein Haus? Ich selbst habe kein Haus! Nur die Menschen leben in Häusern. Kein anderes Wesen würde es aushalten. Und was passiert, wenn er lange zwischen seinen vier Wänden gelebt hat? Je größere Häuser er sich baut, desto kleiner und armseliger wird er. Wir leben nicht in Häusern – aber du kannst meine Äste abschneiden und versuchen, daraus ein Haus zu bauen."

Der Mann verlor keine Zeit, er holte ein Axt und schlug ihm alle Äste ab. Jetzt war der Baum nur noch ein kahler nackter Stamm.

Aber die Liebe kümmert sich nicht um Verluste. Selbst wenn ihr alle Glieder für den Geliebten abgeschnitten werden, gibt sie sich hin. Liebe ist immer bereit zu geben.

Der Mann baute sein Haus, ohne sich auch nur ein Mal bei dem Baum zu bedanken, lebte darin, und so vergingen wieder viele Jahre, ohne dass er kam.

Der Baum wartete und wartete. Er wollte nach ihm rufen, hatte aber weder Zweige noch Blätter, die ihm die Kraft dazu hätten geben können. Der Wind wehte, aber er war noch nicht einmal fähig, dem Wind mit seinen Zweigen eine Botschaft zuzuflüstern, und trotzdem hallte in seinem Inneren nur das eine Gebet wieder: „Komm, mein Liebling, komm." Aber nichts geschah. Die Zeit verging, der Mann war nun alt geworden. Eines Tages kam er und stellte sich neben den kahlen Stamm. „Ich bin so glücklich, dass du nach so langer Zeit zurückgekommen bist", flüsterte der Baum. „Was kann ich für dich tun?"

Der alte Mann sagte: „Ich will in ferne Länder reisen, um mehr Geld zu verdienen und brauche ein Boot." Freudevoll sagte der Baum: „Aber das ist kein Problem, mein Herz. Nimm meinen Stamm und baue ein Boot daraus. Du machst mich glücklich, wenn ich dir helfen kann, in ferne Länder zu reisen, um zu bekommen, was du haben willst. Aber ich werde immer sehnsüchtig darauf warten, dass du zu mir zurückkommst."

Der Mann sägte den Stamm des Baumes ab, machte ein Boot daraus und segelte davon.

Jetzt ist der Baum nur noch ein kleiner Stumpf und wartet darauf, dass der Mann zurückkommt. Er wartet vergebens, er wird nie zurückkommen, denn das Ego geht nur dahin, wo es etwas zu holen gibt, und der Baum hat nichts mehr, absolut nichts mehr zu geben. Das Ego ist ein ewiger Bettler, der immer nur fordern kann. Liebe ist ein König und gibt verschwenderisch. Es gibt nichts Königlicheres als die Liebe.

Eines Abends ruhte ich mich in der Nähe dieses Stumpfes von einem Spaziergang aus und er flüsterte mir zu: „Kennst du meinen Freund? Er ist noch immer nicht zurückgekommen und ich mache mir Sorgen, dass er vielleicht im Meer ertrunken oder in fernen Ländern umgekommen ist. Hast du irgendetwas von ihm gehört? Mein Leben geht zu Ende, und wenn ich Nachricht von ihm hätte, könnte ich glücklich sterben. Aber er kommt wohl nie mehr zurück zu mir, selbst wenn ich ihn rufen könnte. Ich habe nichts mehr, das ich ihm geben könnte, und er versteht nur die Sprache des Nehmens."

Das Ego versteht nur die Sprache des Nehmens und Liebe nur die Sprache des Gebens. Wenn euer Leben wie dieser Baum werden kann, der seine Zweige in den Himmel streckt, sodass alle darunter Schatten finden, wenn ihr eure Äste niederbeugt, sodass alle von euren Früchten essen können, dann werdet ihr wissen, was Liebe ist. Mehr kann ich nicht sagen. Liebe kennt keine Schrift, keine Regel, keine Dogmen und Prinzipien. Liebe ist einfach da, einfach da. Wenn ihr in meine Augen schaut, könnt ihr sie vielleicht darin sehen, vielleicht fühlt ihr es, wenn ich meine Arme jetzt ausbreite.

Was ist Liebe? Wenn ihr sie nicht in meinen Augen sehen, in meinen Gesten und meinem Schweigen fühlen könnt, werdet ihr sie nie in meinen Worten erkennen.

aus: Vom Sex zum kosmischen Bewusstsein

Ich bin für die Liebe

Im Osten hat man betont, man sollte in einer Liebesbeziehung mit einer Person zusammenbleiben. Im Westen lassen sich die Menschen heute von einer Beziehung in die nächste treiben. Wofür bist du?

Ich bin für die Liebe.

Lasst es mich euch erklären: Bleibe der Liebe treu und kümmere dich nicht um Partner. Ob ein Partner oder viele Partner, darum geht es nicht. Es geht darum, ob du der Liebe treu bist. Wenn du mit einer Frau oder einem Mann zusammenlebst und ihn nicht liebst, lebst du in Sünde. Wenn du mit jemandem verheiratet bist und du diesen Menschen nicht liebst und doch weiter mit ihm zusammenlebst, mit ihm oder ihr schläfst, dann begehst du eine Sünde gegen die Liebe... und Liebe ist Gott.

Du entscheidest dich gegen die Liebe, für soziale Sicherheit, Bequemlichkeit, Formalitäten. Das ist genauso falsch, wie hinzugehen und eine Frau, die man nicht liebt, zu vergewaltigen. Du gehst hin und vergewaltigst eine Frau; das ist ein Verbrechen – denn du liebst die Frau nicht und die Frau liebt dich nicht. Doch dasselbe geschieht, wenn du mit einer Frau zusammenlebst und sie nicht liebst. Dann ist es eine Vergewaltigung – von der Gesellschaft natürlich akzeptiert, aber es ist Vergewaltigung – und du vergehst dich gegen den Gott der Liebe.

So haben sich, wie im Osten, die Leute dafür entschieden, ihr ganzes Leben mit einem Partner zusammenzuleben, daran ist nichts falsch. Wenn du der Liebe treu bleibst, ist es eines der schönsten Dinge, mit einer Person zusammenzubleiben, weil die Vertrautheit wächst. Aber zu neunundneunzig Prozent besteht die Möglichkeit, dass keine Liebe da ist; ihr lebt nur zusammen. Und durch Zusammenleben wächst eine gewisse Beziehung, die nur mit Zusammenleben zu tun hat; nicht mit Liebe. Und verwechselt sie nicht mit Liebe. Aber wenn es möglich ist, wenn du einen Menschen liebst und das ganze Leben mit ihm oder ihr lebst, wird eine große Vertrautheit wachsen und die Liebe wird sich dir tiefer und tiefer offenbaren. Das ist nicht möglich, wenn du sehr oft den Partner wechselst. Es ist, als ob du einen Baum von einer Stelle an eine andere verpflanzt und wieder verpflanzt; dann schlägt er nie irgendwo Wurzeln. Um Wurzeln zu schlagen, muss ein Baum an einer Stelle bleiben. Dann geht er tiefer; dann wird er stärker. Vertrautheit ist gut und in einer Bindung zu bleiben ist schön, doch die grundlegende Notwendigkeit ist Liebe. Wenn ein Baum an einer Stelle verwurzelt ist, wo nur Felsen sind und diese den Baum töten, dann ist es besser, ihn zu entfernen. Dann bestehe nicht darauf, dass er an dieser einen Stelle bleiben soll. Bleibe dem Leben treu – entferne den Baum, denn jetzt geht es gegen das Leben.

Im Westen wechseln die Menschen den Partner – zu viele Beziehungen. Beides Mal wird die Liebe getötet. Im Osten wird sie getötet, weil die Menschen sich vor einem Partnerwechsel fürchten; im Westen wird sie getötet, weil die Menschen Angst davor haben, längere Zeit bei einem Partner zu bleiben – Angst deshalb, weil sie zu einer Bindung wird. Sie wechseln daher den Partner, bevor sie zu einer Bindung wird. Auf diese Weise bleibst du beweglich und frei, auf diese Weise wächst eine gewisse Zügellosigkeit. Und im Namen der Freiheit wird die Liebe nahezu vernichtet, zu Tode gehungert. Liebe leidet beide Male: Im Osten halten die Menschen an Sicherheit, Komfort, Förmlichkeit fest; im Westen halten sie an der Freiheit ihres Egos fest, an Unverbindlichkeit – aber die Liebe leidet beide Male.

Ich bin für die Liebe.

Ich bin weder östlich noch westlich und es ist mir gleich, welcher Gesellschaft du angehörst. Ich gehöre keiner Gesellschaft an. Ich bin für die Liebe. Denk immer daran: Wenn es eine Liebesbeziehung ist, gut.

Während die Liebe dauert, bleib in ihr und lass dich so tief darauf ein wie möglich. Bleib so total wie möglich in ihr; lass dich von der Beziehung aufsaugen. Dann kann die Liebe dich verwandeln. Aber wenn keine Liebe da ist, ist es besser zu wechseln. Aber fange dann nicht an, gewohnheitsmäßig zu wechseln. Mach es nicht zur Gewohnheit. Lass es nicht zu einer mechanischen Gewohnheit werden, dass du alle zwei oder drei Jahre den Partner wechseln musst, so wie man seinen Wagen alle zwei oder drei Jahre wechselt, oder jedes Jahr. Ein neues Modell kommt heraus – was kann man also machen? – Du musst deinen Wagen wechseln. Plötzlich läuft dir eine neue Frau über den Weg. Es ist kein großer Unterschied. Eine Frau ist eine Frau, so wie ein Mann ein Mann ist. Die Unterschiede sind nur zweitrangig, denn es ist eine Frage der Energie. Die weibliche Energie ist weibliche Energie. In jeder Frau sind alle Frauen vertreten und in jedem Mann sind alle Männer vertreten. Die Unterschiede sind sehr oberflächlich: Die Nase ist ein bisschen länger oder sie ist nicht ein bisschen länger; das Haar ist blond oder braun – kleine Unterschiede, nur an der Oberfläche. Im Grunde geht es um weibliche und männliche Energie. Wenn also Liebe da ist, bleib dabei. Gib ihr eine Chance, zu wachsen. Aber wenn sie nicht da ist, wechsle, bevor du süchtig wirst nach einer Beziehung ohne Liebe.

Eine junge Ehefrau befragte im Beichtstuhl den Priester über Verhütungsmittel. „Du darfst sie nicht nehmen", sagte der Priester. „Sie sind gegen das Gesetz Gottes. Trink ein Glas Wasser."

„Vorher oder nachher?", fragte die Frau.

„Anstatt!", antwortete der Priester.

Du fragst mich, ob man dem östlichen Weg oder dem westlichen Weg folgen soll. Weder – noch; du folgst dem göttlichen Weg. Und was ist der göttliche Weg? – Bleib der Liebe treu. Wenn Liebe da ist, ist alles erlaubt. Wenn keine Liebe da ist, ist nichts erlaubt.

Wenn du deine Frau nicht liebst, dann rühr sie nicht an, denn das ist Missbrauch. Wenn du deine Frau nicht liebst, dann schlafe nicht mit ihr; das ist gegen das Gesetz der Liebe und das ist das höchste Gesetz. Nur wenn du liebst, ist alles erlaubt.

Jesus sagt: „Gott ist Liebe." Ich möchte dir sagen, Liebe ist Gott. Vergiss Gott ganz und gar; Liebe allein ist genug. Bleibe mutig genug, mit der Liebe zu gehen; nichts anderes sollte wichtig sein. Wenn Liebe für dich wichtig ist, wird alles für dich möglich.

Vor allem, gib dich nicht mit einer Frau oder einem Mann

ab, ohne zu lieben. Tu es nicht nur aus einer Laune heraus; tu es nicht, nur weil du Lust verspürst. Finde heraus, ob der Wunsch in dir aufgestiegen ist, dich auf einen Menschen einzulassen. Bist du reif genug, einen tiefen Kontakt herzustellen?

Denn dieser Kontakt wird dein ganzes Leben verändern. Und wenn du den Kontakt herstellst, sei aufrichtig dabei. Verstecke dich nicht vor deinem Geliebten oder deinem Liebhaber – sei aufrichtig. Lass alle falschen Gesichter fallen, die du zu tragen gelernt hast. Lass alle Masken fallen. Sei wahrhaftig. Enthülle dein ganzes Herz: Sei nackt! Zwischen zwei Liebenden sollte es keine Geheimnisse geben, sonst ist die Liebe nicht. Lass alle Heimlichkeit fallen. Das ist Politik; Heimlichkeit ist Politik. Sie sollte nicht da sein in der Liebe. Du solltest nichts verstecken. Was immer in deinem Herzen vorgeht, sollte für deine Geliebte durchsichtig bleiben und was immer in ihrem Herzen vorgeht, sollte für dich durchsichtig bleiben. Ihr solltet zwei durchsichtige Wesen füreinander werden. Nach und nach wirst du sehen, dass ihr durch den anderen zu einer höheren Einheit zusammenwachst.

Indem du der Frau außen begegnest, ihr wirklich begegnest, sie liebst, dich mit ihrem Wesen verbindest, dich in ihr auflöst, mit ihr verschmilzt, wirst du allmählich anfangen, der Frau zu begegnen, die in dir ist; du wirst anfangen, dem Mann zu begegnen, der in dir ist. Die äußere Frau ist nur ein Weg zu der inneren Frau; und der äußere Mann ist ebenfalls nur ein Weg zu dem inneren Mann. Der wirkliche Orgasmus findet in dir statt, wenn dein innerer Mann und deine innere Frau sich treffen. Dies ist die Bedeutung der Hindu-Symbolik von *ardhanarishwar.* Sicher hast du Shiva gesehen: halb Mann, halb Frau. Jeder Mann ist halb Mann, halb Frau; jede Frau ist halb Frau, halb Mann. Es muss so sein, denn die eine Hälfte deines Wesens kommt von deinem Vater und die andere Hälfte deines Wesens kommt von deiner Mutter. Du bist beides. Ein innerer Orgasmus, ein inneres Zusammentreffen, eine innere Vereinigung ist nötig. Aber um diese innere Vereinigung zu erreichen, musst du eine Frau außen finden, die der inneren Frau antwortet, die dein inneres Wesen in Schwingung versetzt, und deine innere Frau, die in tiefem Schlaf liegt, wacht auf. Durch die äußere Frau musst du die innere Frau treffen und dasselbe gilt für den Mann.

Wenn also die Beziehung sich über eine lange Zeit fortsetzt, ist es besser; denn diese innere Frau braucht Zeit, um erweckt zu werden. So wie es im Westen geschieht – „Ex und Hopp"-Affairen –, hat die innere Frau keine Zeit, hat der innere Mann keine Zeit, sich zu erheben und aufzuwachen. Wenn sich dann etwas rührt, ist die Frau gegangen... eine andere Frau, mit einer anderen Schwingung, mit einem anderen Flair. Und natürlich wirst du neurotisch, wenn du immer weiter deine Frau und deinen Mann wechselst, denn so viele Dinge, so viele Klänge treten in dein Wesen ein, und so viele verschiedene Qualitäten von Schwingungen, dass es dir unmöglich sein wird, deine innere Frau zu finden. Es wird schwieriger sein. Und es besteht die Möglichkeit, dass du süchtig nach Wechsel wirst. Du wirst einfach anfangen, den Wechsel zu genießen. Dann bist du verloren.

Die äußere Frau ist nur ein Weg zur inneren Frau, und der äußere Mann ist der Weg zum inneren Mann. Und das letzte Yoga, die letzte Unio Mystica, geschieht in deinem Inneren. Und wenn das geschieht, dann bist du frei von allen Frauen und allen Männern. Dann bist du frei vom Mann-Sein und vom Frau-Sein. Dann plötzlich gehst du darüber hinaus; dann bist du keines von beiden.

Das ist die Bedeutung von Transzendenz. Das ist die Bedeutung von *brahmacharya.* Dann erlangst du wieder deine reine Jungfräulichkeit; deine ursprüngliche Natur hat sich wieder behauptet. In Patanjalis Terminologie ist das *kaivalya.*

aus: Das Yoga Buch

Hingabe ist das Geheimnis

Nur ein Kenner der Nuancen der Liebe...
kann die Sprache eines liebenden Herzens verstehen.
Andere begreifen nichts.

Der Geschmack der Limone bleibt im Innern der Frucht,
und selbst Experten kennen keinen einfachen Weg,
zu ihm zu gelangen.

Honig ist im Innern der Lotus-Blüte verborgen,
aber die Biene weiß es.

Mistkäfer machen es sich im Mist bequem
und kümmern sich nicht um den Honig.
Hingabe ist das Geheimnis der Erkenntnis.

Der Spiegel des Himmels spiegelt meine Seele wider.
Oh Baul der Straße, Oh Baul, mein Herz!
Der Spiegel des Himmels spiegelt meine Seele wider.

Oh, mein gefühlloses Herz, du hast es nicht vermocht,
das menschliche Land zu bestellen.
Bestellt, hätte es eine goldene Ernte einbringen können.

Wenn das Leben, der Geist und die Augen
in Übereinstimmung sind, ist das Ziel in Reichweite.
Du kannst den Gestaltlosen mit bloßen Augen sehen.

Das Erste ist: Man kann die Liebe nur kennen, wenn man selbst liebt, sie kann nicht durch intellektuelle Diskussionen verständlich gemacht werden. Liebe ist keine Theorie. Wenn man versucht, eine Theorie aus ihr zu machen, bleibt sie unverständlich. Das ist der erste Standpunkt der Bauls: Es gibt Dinge, die du nur wissen kannst, indem du sie tust, indem du sie bist.

Schwimmen lässt sich nur kennen lernen, indem man schwimmt; Liebe erfährt man nur, indem man liebt. Beten erkennt man nur, indem man betet. Es gibt keinen anderen Weg. Es gibt Dinge, die man wissen kann, ohne dass man in sie hineinschlüpft – das sind die sinnlosen Dinge, das sind die intellektuellen Dinge: Philosophie, Dogmen, Glaubensbekenntnisse. Aber alles Reale muss gelebt werden und alles Existentielle muss durchdrungen werden; dieses Risiko muss eingegangen werden. Man muss mutig sein, man muss sich trauen. Und es ist eine große Kühnheit, jemanden zu lieben, denn wenn du jemanden liebst, fängst du an, dich zu verlieren. Jemanden zu lieben, heißt, das Ego zu verlieren; jemanden zu lieben, bedeutet, verloren zu sein; jemanden zu lieben, heißt, besessen zu werden. Jemanden zu lieben, bedeutet, sich hinzugeben.

Hingabe ist das Geheimnis der Erkenntnis...

Viele Leuten kommen zu mir und sagen: „Gibt es irgendwelche Schwierigkeiten, wenn wir nicht Sannyasins werden, wenn wir uns dir nicht hingeben? Wir lieben trotzdem das, was du sagst. Wir wollen trotzdem darauf hören. Gibt es dabei ein Problem? Können wir das nicht so machen?“

Ich sage: „Ihr könnt das machen; das ist kein Problem. Aber dann werdet ihr nur die oberflächlichen Dinge sammeln. Ihr werdet die Worte sammeln. Dann werdet ihr nur die Brotkrumen nehmen, die vom Tisch gefallen sind. Ihr werdet nicht wirklich meine Gäste sein. Ihr werdet an all dem, was wirklich wichtig ist, vorbeigehen. Nur das Unwesentliche wird euer Leben bestimmen. Ihr müsst euch entscheiden."

Wenn du dich hingibst, wird eine vollkommen andere Beziehung zwischen dir und mir möglich. Die Kommunikation von Herz zu Herz beginnt. Dann kannst du auf meine Worte hören, und zwar mit solch tiefer Sympathie und Liebe, mit solcher Dankbarkeit und Empfänglichkeit, dass diese Worte nicht länger Worte sind; sie werden lebendig. Du hast sie durch deine Empfänglichkeit lebendig gemacht. Der Same dessen, was ich gesagt habe, was ich kommuniziere, ist in dir gesät. Dann geschieht die Übertragung; Worte sind dann nur ein Vorwand. Ich benutze das Wort, um dir etwas zu vermitteln, was nicht mit Worten gesagt werden kann. Nicht nur das Wort erreicht dich dann, sondern auch der Duft meines Herzens, den es mit sich trägt.

Wenn du mich liebst, gibt es eine vollkommen andere Art des Verstehens zwischen mir und dir. Wenn du mich nicht liebst, sind wir weit voneinander entfernt. Dann bist du auf einem anderen Planeten, tausende und abertausende von Meilen entfernt von mir. Ich kann schreien, und du magst ein paar Worte hören, aber nichts Besonderes wird auf diese Weise geschehen. Du wirst vielleicht gebildeter, aber das ist nicht der Punkt. Du solltest mehr Wesen haben, nicht mehr

Wissen. Wenn du hier in engem Kontakt mit mir reicher wirst, wächst dein Wesen. Dann kristallisiert sich mehr und mehr dein Wesen heraus, du wirst mehr und mehr authentisch, mehr und mehr lebendig, mehr und mehr göttlich. Das ist ohne Liebe nicht möglich.

Und was ist Hingabe? Hingabe bedeutet, das Ego fallen zu lassen. Hingabe heißt, dein Wissen, deinen Verstand, deinen Intellekt aufzugeben. Hingabe ist Selbstmord, ein Selbstmord der Vergangenheit.

Wenn du deine Vergangenheit insgeheim in dir trägst, ist die äußerliche Geste des Sannyasnehmens wirkungslos. Du kannst Sannyas nehmen und trotzdem deine Vergangenheit mit dir herumtragen, sie verstecken und bewachen wie einen Schatz. Dann wirst du nur ein oberflächlicher Sannyasin sein, wirst dich mir aber nicht hingeben. Wenn du dann nicht erfüllt bist, ist niemand anderer als du selbst dafür verantwortlich.

Vergiss nicht, du kannst viel Wissen über die Liebe haben, ohne die Liebe selbst zu kennen. Liebe kann man erfahren, indem man liebt. Das heißt, du musst in die Liebe hineingehen, ohne irgendetwas über sie zu wissen. Darum braucht man Mut dazu. Du musst dich ins Dunkle begeben, ohne Landkarte, ohne Führer, sogar ohne Taschenlampe.

Du musst dich in die Dunkelheit begeben, ohne zu wissen, wo du hingehst, ohne zu wissen, ob du die richtige Fährte hast oder nicht, ohne zu wissen, ob du den Pfad finden wirst oder ob du in die Grube fallen und für immer verloren sein wirst. Das ist der Mut. Bauls sind sehr mutige Menschen. Sie sagen:

Liebe hat viele Schattierungen. Liebe hat viele Dimensionen, viele Nuancen. Liebe ist nicht irgendetwas Beliebiges. Sie ist sehr reich, unglaublich reich. Sie birgt viele Aspekte in sich; sie hat viele Gesichter. Sie gleicht einem Diamanten; sie hat viele Aspekte und jeder Aspekt gibt ihr Reichtum. Nur ein Kenner – einer, der auf viele verschiedene Arten geliebt und gelebt hat, einer, der alle Duftnoten der Liebe kennt...

Habt ihr das schon bemerkt? – „Liebe" drückt nicht all das aus. Es ist nur ein einziges Wort. Alle alten Sprachen hatten viele Wörter für Liebe, denn es gibt so viele verschiedene Arten der Liebe. Die englische Sprache ist diesbezüglich arm, hm? – denn ihr „liebt" auch ein Auto, ihr „liebt" eure Frau, ihr „liebt" euer Haus, ihr „liebt" euer Land, ihr „liebt" euer Kind und ihr „liebt" eure Mutter. Nur ein Wort! Ihr „liebt" eine besondere Zigarettenmarke. Das ist sehr armselig, wo doch die Liebe so viele Ausdrucksweisen hat!

Wenn du ein Kind liebst, liebst du anders. Es ist nicht dieselbe Liebe, mit der du eine Frau liebst. Es ist keine Leidenschaft dabei. Es ist Mitgefühl da, aber keine Leidenschaft. Wenn du deine Mutter liebst, ist das ganz anders: das enthält Ehrfurcht und tiefe Dankbarkeit. Aber wenn du eine Frau liebst, hat das große Intensität, fast zum Verrücktwerden – aber das ist nicht dieselbe Art, wie wenn du deine Mutter liebst. Du liebst einen Freund, das ist total anders. Das ist Zuneigung, aber es ist nicht dasselbe.

Ein Kenner braucht nur mit geschlossenen Augen deine Hand zu fühlen und sieht... und versteht die Sprache.

Hast du das nicht schon mal beobachtet: Wenn dir jemand mit tiefer Lust in die Augen sieht, kannst du das sofort spüren. Wenn dich jemand mit tiefer Liebe ansieht, siehst du den Unterschied. Wenn dich jemand aus Zuneigung ansieht, kannst du den Unterschied sehen. Aber das sind sehr grobe Unterscheidungen, denn Mitgefühl zum Beispiel hat auch verschiedene Schichten.

Das Mitgefühl eines Buddhas hat eine vollkommen andere Qualität. Wenn ihr Mitgefühl habt, ist es mehr wie Sympathie, weniger wie Mitgefühl. Wenn ein Buddha Mitgefühl hat, hat das nichts mit Sympathie zu tun. Es ist rein.

Wenn ein Buddha dich mit Liebe überschüttet, hat das nichts mit dem zu tun, was du bis jetzt als Liebe gekannt hast. Nur ein Buddha kennt das. Es ist keine Leidenschaft dabei; sie ist sehr kühl. Sie ist nicht heiß – nicht, dass sie keine Wärme hätte; aber sie ist trotzdem sehr kühl. Sie wird dich abkühlen, wenn du einem Buddha nahe kommst. Sie wird dir helfen, weniger aufgeregt zu sein, mehr gefasst. Sie wird keinen Tumult in dir verursachen. Sie wird allen Tumult in dir beseitigen; sie wird eine beschwichtigende Kraft sein. Sie wird dich wie ein subtiles Klima umgeben und dich besänftigen. Sie wird wie ein Schlaflied sein. Du wirst einschlafen und dich fühlen wie an der Mutterbrust. Sie hat etwas von der Mutter, etwas vom Vater, etwas vom Geliebten, etwas vom Kind. Sie hat jede erdenkliche Nuance in sich. Sie hat alle Dimensionen der harmonischen Liebe in sich. Wenn du zu Buddha kommst, ist es ein Orchester aus all den verschiedenen Ausdrucksweisen der Liebe. Manchmal sieht er aus wie ein Kind, du kannst mit ihm spielen. Sein Lächeln oder sein Wesen vermitteln dir das Gefühl, dass er nur ein Kind ist – du kannst ihn bemuttern. Manchmal ist er wie eine Mutter und du bist wie ein kleines Kind. Manchmal sieht er aus wie ein Geliebter – du kannst ihn lieben, nur ihn, keinen anderen. Aber manchmal ist er genau wie ein Freund. Er ist alles.

Diese Veränderungen passieren aus dir heraus: Deine Einstellung, deine Sichtweise ändert sich. Deine Augen sind noch nicht klar und fest. Du kannst seine Totalität nicht sehen. Du umkreist sie nur. Einmal siehst du diesen Aspekt, ein andermal siehst du einen anderen Aspekt – weil du das Ganze nicht verstehen kannst.

Nur ein Kenner der Nuancen der Liebe
kann die Sprache eines liebenden Herzens verstehen.
Andere begreifen nichts.

Für andere ist noch nicht einmal ein Anhaltspunkt möglich. Du musst dich in die Welt der Liebe begeben; und frage nicht, wie. Du musst in die Dunkelheit gehen; und frage nicht nach einer Landkarte – denn jedes bisschen Fragen ist gegen die Liebe. Darum ist Vertrauen nötig, *shradda.* Wenn du einem Menschen vertraust, sagst du: „Okay, wenn du mich in die Dunkelheit schickst, gehe ich. Wenn du mich in den Tod schickst, gehe ich."

Auf dem Pfad der Liebe ist Vertrauen das Wichtigste. Auf dem Pfad der Meditation kannst du ohne Vertrauen gehen. Auf dem Pfad der Meditation kannst du ohne Hingabe gehen, aber auf dem Weg der Liebe ist ohne Hingabe, ohne Vertrauen kein Weiterkommen, denn diese Dinge sind der erste Schritt. Liebe fordert so vieles. Sie fordert fast das

Unmögliche, und das gleich am Anfang. Diese Liebe, von der die Bauls sprechen, oder besser gesagt, singen und tanzen, ist im innersten Winkel deines Wesens verborgen. Sie ist schon da. Du musst nur einen Weg finden, um zu deinem innersten Kern zu gelangen – zum *Adhar Manush*, dem wesentlichen Menschen. Das muss man nicht erst erreichen, es ist bereits da. Es muss nicht verdient werden, es ist ein Geschenk Gottes.

In dem Augenblick, als du erschaffen wurdest, wurde dieser Schatz in deine Hand gelegt – denn wo hat es schon mal jemanden gegeben, der ohne Liebe lebt? Kennst du jemanden, der lebt, ohne zu atmen? Liebe ist der Atem der Seele.

Die Bauls sagen: „So wie der Körper nicht ohne Atem existieren kann, kann die Seele nicht ohne Liebe bestehen." Du magst es wissen oder auch nicht wissen, aber die Liebe lebt ständig in dir. Sie hämmert in dir; sie ist dein Herzschlag. Du musst nur einen Weg finden, dorthin zu gelangen, denn du bist ausgezogen, um andere Schätze zu suchen, die nicht dir gehören; du bist auf die Suche nach Schätzen gegangen, die niemals dir gehören können.

Darum lebt ein Baul wie ein Bettler. Das ist ein einfaches Symbol. Er sagt: „Ich suche keinen anderen Schatz. Ich bin mir selbst genug. Mein Schatz ist schon zu groß. Ich bin schon ein König. Ich brauche kein anderes Königreich; mein Königreich ist bereits hier." Er lebt wie ein Bettler, aber wenn du einen Baul triffst, wirst du sehen, dass er wie ein König lebt. Selbst Könige sind nicht so königlich. Sogar Könige sind nicht so sehr mit Freude erfüllt wie ein Baul. Sein ganzes Leben besteht aus Freude. Er kennt keine Sorgen. Er lebt in einer unbekannten Dimension mit unwahrscheinlicher Armut. Indem er nichts besitzt, hat er alles. Indem er nichts besitzt, gehört ihm die ganze Welt.

Die Bauls singen:

Der Spiegel des Himmels spiegelt meine Seele wider.
Oh Baul der Straße, Oh Baul, mein Herz!
Der Spiegel des Himmels spiegelt meine Seele wider.

Oh, mein gefühlloses Herz, du hast es nicht vermocht,
das menschliche Land zu bestellen.
Bestellt, hätte es eine goldene Ernte einbringen können.

Wenn das Leben, der Geist und die Augen
in Übereinstimmung sind, ist das Ziel in Reichweite.
Du kannst den Gestaltlosen mit bloßen Augen sehen.

Wenn das Leben, der Geist und die Augen in Übereinstimmung sind... hm? – Das ist der Weg, um das Innere zu finden. Wenn du dich in Übereinstimmung befindest, wenn du keinen inneren Konflikt hast, das ist der Weg. Darum bestehen Bauls darauf, ohne Konflikt zu sein, natürlich, spontan. Schaffe keine Spaltung in dir, sonst wirst du nichts erreichen – denn ein hohes Maß an Übereinstimmung ist nötig. Wenn du in Harmonie bist, ist die Tür offen. *Wenn das Leben, der Geist und die Augen in Übereinstimmung sind, ist das Ziel in Reichweite. Du kannst den Gestaltlosen mit bloßen Augen sehen.*

„Vergiss nicht", sagen sie, „dass dein Körper die ganze Existenz beinhaltet."

„Ich bin erfüllt", singen sie, „indem ich ein Hauch deines

Atems auf deiner Flöte bin. Was kann ich mir mehr wünschen, als von solch einer Melodie fortgetragen zu werden?"

Ein Baul ist in dem Augenblick erfüllt, wo er in tiefer innerer Übereinstimmung mit sich selbst ist. Sein Singen und Tanzen ist nichts als eine Bemühung, mit sich selbst in Übereinstimmung zu gelangen. Hast du jemanden beim Tanzen beobachtet? Was passiert? Hast du dich selbst beim Tanzen beobachtet? Was passiert? Tanz scheint eines der eindringlichsten Dinge zu sein, durch die man Harmonie erreichen kann. Dein Körper, dein Geist, deine Seele bewegen sich beim Tanzen in Harmonie. Tanzen ist eines der spirituellsten Dinge, die es gibt. Wenn du wirklich tanzt, kannst du nicht denken. Wenn du wirklich tanzt, ist der Körper so sehr in Anspruch genommen, dass die ganze Energie flüssig wird. Ein Tänzer verliert seine Form, seine Festigkeit. Ein Tänzer wird zur Bewegung, zum Prozess. Ein Tänzer ist kein festes Ding; er ist Bewegung, er ist Energie. Er schmilzt. Große Tänzer schmelzen nach und nach. Ein Tänzer kann sein Ego nicht bewahren, denn wenn er sein Ego bewahrt, kommt es als falsche Bewegung im Tanz durch. Ein wirklicher Tänzer verliert sein Ego darin. Er vergisst, dass er existiert; nur der Tanz bleibt bestehen. Die Tür öffnet sich, weil du eine Einheit bist. Jetzt ist die Seele nicht getrennt, der Geist ist nicht getrennt, der Körper ist nicht getrennt. Alle sind auf einer Linie. Alle sind eins geworden, verschmelzen ineinander, fließen ineinander.

Über Nijinsky, einen der größten Tänzer der Welt, wird gesagt, dass er in bestimmten Momenten Sprünge gemacht hat, die fast unmöglich erschienen. Er fiel wie eine Feder auf den Boden zurück, als ob die Schwerkraft keine Macht mehr über ihn hätte. Die Wissenschaftler waren besorgt: „Das sollte nicht passieren, das kann nicht passieren“ – aber es ist passiert. Kein anderer Tänzer war dazu in der Lage.

Und natürlich wurde Nijinsky verrückt; er wurde ein Baul. Seine Verrücktheit gehört zu der Art, die noch nicht richtig verstanden wurde. Und da er im Westen lebte, konnte man es unmöglich verstehen, was mit ihm geschehen war. Er wurde mit Gewalt in eine psychiatrische Anstalt eingewiesen, bekam Elektroschocks und Insulinspritzen. Wenn er im Osten gewesen wäre, wäre er einer der größten Bauls geworden. Seine Verrücktheit bedurfte keiner Behandlung, sie hätte verehrt werden sollen.

Aber wodurch ist er verrückt geworden? Er wurde durch sein Tanzen verrückt. Wenn er gefragt wurde, was mit ihm geschehen war, sagte er: „Es passiert nur, wenn ich versunken bin, also kann ich nichts darüber sagen. Wenn ich richtig da bin, passiert es nie. Ich habe es versucht. Wenn ich da bin, es gewollt und bewusst versuche, passiert es nie. Aber es gibt Augenblicke, in denen ich versunken bin. Und dann weiß ich gar nicht, wer springt – es passiert einfach. Ich bin auch überrascht. Ich habe keine Erklärung dafür, aber es passiert nur, wenn ich versunken bin.“

Das sagen die Bauls: „Wenn du tanzt und wie ein Wirbelwind wirst, verschwindest du nach und nach im Tanz.“ Irgendetwas in dir bricht zusammen. Die Grenzen sind verschwunden. Du wirst eine Einheit. Ein großer Orgasmus breitet sich über dein Wesen aus. In diesen Augenblicken bist du eins mit der Existenz. Diese Momente sind die *satoris* des Zen, aber die Bauls haben eine bessere Art, das zu erreichen. An Zen muss man zwölf, fünfzehn, zwanzig, dreißig Jahre arbeiten. Es ist ein sehr langsamer Prozess. Es ist der Pfad der Meditation.

Bauls können das einfacher erreichen. Schon an dem Tag, an dem du entscheidest: „Ich bin bereit, mein Ego loszulassen", bist du für Gott offen und ist Gott offen für dich. Der wesentliche Mensch steigt über den Unwesentlichen auf; eine Umwandlung geschieht, und das ist der Augenblick, wo du voller Liebe bist, wo du Liebe bist, wo deine Energie Liebe ist.

Das ist der Moment, wo du die ganze Existenz segnen kannst. Wenn es keinen Konflikt in dir gibt, kann es auch keinen Konflikt zwischen dir und der Existenz geben. Das ist das Geheimnis: Lass allen Konflikt in dir los, und gleichzeitig lässt du den Konflikt mit der Existenz los. Werde eins in dir und du wirst auch eins mit der Existenz.

Die Bauls sagen: „Was auch immer du liebst, wirst du, und was auch immer deine Liebe ist, das wirst du finden."

Sei also bewusst mit deiner Liebe: Liebe nicht ein Auto, liebe nicht ein Haus, liebe nicht einen Kontostand – denn du wirst so werden. Du wirst ein Mistkäfer werden. Liebe nicht den Mist.

Du wirst den Weg zum Objekt deiner Liebe finden, sei also sehr vorsichtig mit dem Objekt deiner Liebe, denn es wird dein Schicksal entscheiden. Deine Liebe ist dein Schicksal.

Liebe ist etwas Exquisites; liebe etwas aus der höheren Existenz liebe etwas Göttliches und du wirst deinen Weg finden.

Der Baul sagt: „Wenn keine Angst da ist, genügt die Liebe; sie wird über dich wachen und dich führen."

Honig ist im Innern der Lotus-Blüte verborgen,
aber die Biene weiß es.

Mistkäfer machen es sich im Mist bequem
und kümmern sich nicht um den Honig.

Hingabe ist das Geheimnis der Erkenntnis.

Hingabe ist das Geheimnis der Weisheit, denn Hingabe ist das Geheimnis der Liebe – und Liebe ist das einzig wertvolle Wissen.

aus: The Beloved

Wenn Freiheit da ist, antwortet die Liebe

Wenn du allein bist, fühlst du dich einsam, du fühlst, dass du den anderen vermisst; dein Leben scheint nur halb zu sein. Es verliert Freude, es verliert sein Fließen und Blühen; es bleibt unterernährt. Wenn du mit dem anderen zusammen bist, dann entsteht ein neues Problem, weil der andere anfängt, in deine Sphäre einzudringen. Er fängt an, dir Bedingungen zu stellen, er fängt an, Dinge von dir zu verlangen, er fängt an, deine Freiheit zu zerstören – und das schmerzt...

Bis jetzt war die Lebensweise der Menschheit so geisteskrank, dass du nur ein Bedürfnis erfüllen kannst. Du kannst frei sein, aber dann musst du die Vorstellung von Liebe fallen lassen... da ist niemand, der dich hindert, da ist niemand, der sich einmischt, niemand, der Ansprüche stellt, niemand, der dich besitzen will. Aber dann wird das Leben kalt, beinahe tot.

Die Mehrheit der Menschheit hat sich für die Liebe entschieden und die Vorstellung von Freiheit fallen gelassen. Die Menschen leben wie Sklaven. Der Mann hat die Frau zu einer Sache reduziert, zu einer Ware; und natürlich hat die Frau auf ihre eigene subtile Art dasselbe getan: alle Ehemänner stehen unter dem Pantoffel.

Der Mann hat die Frau zur Sklavin erniedrigt und die Frau hat den Mann zum Sklaven erniedrigt. Und natürlich hassen beide die Sklaverei, beide leisten Widerstand. Sie sind ständig am Kämpfen; irgendein kleiner Vorwand und der Kampf beginnt.

Aber der wirkliche Kampf findet woanders statt, viel tiefer; der wirkliche Kampf besteht darin, dass sie um Freiheit bitten. Sie können es nicht so klar sagen, sie haben es vielleicht völlig vergessen. Seit Jahrtausenden haben die Menschen so gelebt. Sie haben gesehen, dass ihre Väter und Mütter auf dieselbe Weise gelebt haben, sie haben ihre Großeltern auf dieselbe Weise leben sehen... dies ist die Art, wie Menschen leben – sie haben es akzeptiert. Ihre Freiheit ist zerstört.

Es ist, als ob wir versuchten, mit einem Flügel in den Himmel zu fliegen. Einige Menschen haben den Flügel der Liebe und einige Menschen haben den Flügel der Freiheit – beide sind unfähig zu fliegen. Beide Flügel sind notwendig...

Liebe ist ein natürliches Bedürfnis; sie ist wie Nahrung. Wenn du hungrig bist, fühlst du dich natürlich zutiefst unwohl. Ohne Liebe ist deine Seele hungrig; Liebe ist Seelennahrung. Genauso wie der Körper Nahrung, Wasser, Luft braucht, so braucht die Seele Liebe. Aber die Seele braucht auch Freiheit und es ist eines der merkwürdigsten Dinge, dass wir diese Tatsache noch nicht akzeptiert haben.

Wenn du liebst, ist es nicht nötig, deine Freiheit zu zerstören. Sie können beide zusammen existieren; es gibt keinen Widerspruch zwischen ihnen. Es liegt an unserer Dummheit, dass wir den Widerspruch geschaffen haben.

Ändere deine Konditionierung bezüglich Liebe und Freiheit: Liebe den anderen, aber gib dem anderen vollständige Freiheit. Liebe den anderen, aber stelle von Anfang an klar, dass du *deine* Freiheit nicht verkaufst.

Und wenn du das nicht in dieser Kommune, hier mit mir zustande bringst, bringst du es nirgendwo zustande. Dies ist der Beginn einer neuen Menschheit. Natürlich ist es jetzt erst ein Samen, aber bald wirst du sie zu einem mächtigen Baum heranwachsen sehen. Wir experimentieren mit vielen Dingen. Eine der Dimensionen unseres Experiments besteht darin, Liebe und Freiheit zusammen möglich zu machen, ihre Koexistenz möglich zu machen. Liebe einen Menschen, aber besitze ihn nicht und lass dich nicht besitzen!

Bestehe auf Freiheit und verliere nicht die Liebe! Dazu besteht keine Notwendigkeit. Es gibt keine natürliche Feindschaft zwischen Freiheit und Liebe; es ist eine geschaffene Feindschaft. Natürlich ist es jahrhundertelang so gewesen, deshalb hast du dich daran gewöhnt; sie ist eine Sache der Konditionierung geworden...

Du brauchst nur ein wenig meditativ zu sein. Meditation heißt, einfach den Verstand zu dekonditionieren. Was immer die Gesellschaft getan hat, muss rückgängig gemacht werden. Wenn du dekonditioniert bist, kannst du die Schönheit von Liebe und Freiheit zusammen sehen; sie sind zwei Seiten derselben Münze. Wenn du jemanden wirklich liebst, gibst du ihm oder ihr vollkommene Freiheit – das ist ein Geschenk der Liebe. Und wenn Freiheit da ist, antwortet die Liebe ungeheuer stark. Wenn du jemandem Freiheit gibst, hast du das größte Geschenk gemacht, und die Liebe kommt wie eine Woge auf dich zu...

Liebe ist ein grundlegendes Bedürfnis, so grundlegend wie Freiheit, daher müssen beide erfüllt werden. Und ein Mensch, der voller Liebe *und* frei ist, ist das Schönste, was es auf der Welt gibt. Und wenn sich zwei Menschen von solcher Schönheit treffen, ist ihre Beziehung gar keine Beziehung. Es ist ein Sich-Beziehen. Es ist ein ständig fließender Strom. Es wächst ständig zu größeren Höhen. Die höchste Steigerung von Liebe und Freiheit ist es, Gott zu erfahren. In Gott findest du beides: ungeheure Liebe, vollkommene Liebe und absolute Freiheit.

aus: I Am That

Ein reifer Mensch ist eine Einheit, er kann auch alleine sein. Und wenn ein reifer Mensch Liebe gibt, gibt er, ohne Bedingungen zu stellen: Er gibt einfach.

Und wenn ein reifer Mensch Liebe gibt, fühlt er sich dankbar, dass du seine Liebe angenommen hast, nicht umgekehrt. Er erwartet nicht, dass du dankbar bist dafür – nein, überhaupt nicht, er braucht deinen Dank gar nicht. Er dankt dir dafür, dass du seine Liebe annimmst.

Und wenn zwei reife Menschen sich lieben, geschieht eines der größten Paradoxe im Leben, eines der schönsten Phänomene: Sie sind zusammen und doch vollkommen allein; sie sind so sehr zusammen, dass sie beinahe eins sind. Aber ihr Einssein zerstört nicht ihre Individualität; tatsächlich verstärkt es sie noch: Sie werden noch mehr zum Individuum. Zwei reife Menschen, die sich lieben, helfen einander, freier zu werden. Da ist keine Politik dabei, keine Diplomatie, kein Bestreben zu dominieren. Wie kannst du die Person beherrschen, die du liebst?

Denk daran, Freiheit ist ein höherer Wert als Liebe... Wenn Liebe also Freiheit zerstört, hat sie keinen Wert. Liebe kann fallen gelassen werden; Freiheit muss gerettet werden: Freiheit ist ein höherer Wert. Und ohne Freiheit kannst du nie glücklich sein – das ist nicht möglich. Freiheit ist ein tiefer Wunsch jedes Mannes, jeder Frau – äußerste Freiheit, absolute Freiheit. Man beginnt, alles zu hassen, das zerstörerisch ist für die Freiheit...

Ich bin hier, um euch Freiheit zu geben. Ich möchte euch nichts aufzwingen. Ich möchte euch in keiner Weise verkrüppeln; ich möchte, dass ihr einfach ihr selbst seid. Und wenn der Tag kommt, an dem ihr unabhängig von mir seid, seid ihr fähig, mich zu lieben – vorher nicht.

Ich liebe euch. Ich kann es nicht ändern... Ich liebe euch einfach. Wenn ihr nicht hier seid, ist dieses Chuang Tzu-Auditorium voll mit meiner Liebe; es macht keinen Unterschied. Diese Bäume bekommen immer noch meine Liebe, diese Vögel bekommen sie immer noch. Und selbst wenn alle Bäume und alle Vögel verschwinden, das macht keinen Unterschied – die Liebe strömt weiter. Liebe ist, also strömt Liebe.

aus: Die Tantrische Vision

Wann immer zwei Menschen sich lieben, sollten sie nicht vierundzwanzig Stunden lang zusammen sein. Es ist sehr schädlich für sie und mehr als das, es schadet der Liebe selbst. Die Leute töten und zerstören ihre Liebe, indem sie zu viel zusammen sind, denn tief in ihrem Innern wird etwas verletzt. Jeder braucht einen bestimmten Raum für sich und Liebende mischen sich zu sehr in das Leben des anderen ein, ohne es zu merken. Sie lieben, daher wollen sie festhalten, sich bei allem und jedem einmischen – und so wird Liebe zerstört.

Liebe kann überaus schön sein, wenn sie nicht zerstört wird. Wenn sie zerstört wird, kann sie zur größten Hölle werden, die es gibt.

Wenn du zu sehr alleine lebst, wirst du gelangweilt. Es gibt keine Aufregung – immer nur dich und dich und dich. Es ist monoton, ein einziger Ton. Du brauchst eine Veränderung, ein wenig Würze. Der andere bringt den Wechsel, bringt eine andere Welt in deine Welt, und das ist hilfreich.

Wenn du daher das Bedürfnis nach dem anderen spürst, dann suche ihn auf. Und wenn du spürst, dass das Bedürfnis erfüllt ist, geh zurück in deine eigene Welt. Wenn Liebende fähig sind diesen Rhythmus des Alleinseins und Zusammenseins zu erkennen und sich ständig zwischen den beiden bewegen, wenn du dich plötzlich danach fühlst, allein zu sein, und du gehst – das meine ich mit Liebe.

Wenn die andere Person dich liebt, respektiert sie dein Bedürfnis, und wenn du sie liebst, achtest du ihr Bedürfnis. Die Alternative ist Liebe oder keine Liebe. Wenn du dem anderen keinen Raum zugestehst, wird er nach und nach unglücklich und wird ganz weggehen. Gib ihm deshalb ein wenig Raum, halte nicht fest und die Liebesaffäre kann anhaltend werden. Sie kann immer weitergehen, wenn die Leine lang genug ist. Wenn die Leine sehr kurz ist, fühlt man sich früher oder später eingesperrt, und wenn dieses Gefühl einmal da ist, wird Freiheit plötzlich wichtiger als Liebe.

Freiheit ist nicht wichtiger als Liebe, aber sie wird so empfunden, wenn die Liebe selbst zum Gefängnis wird. Wenn die Liebe ständig in Freiheit überfließt, dann gibt es kein Problem – die Beziehung bereichert dich jeden Tag mehr.

Je größer die Freiheit in der Liebe ist, umso größer die

Möglichkeit, dass sie für immer und ewig dauert. In dem Moment, in dem die Frauen verstehen, dass dies der Weg ist, auf dem Liebe für längere Zeit bestehen kann, die Blume weiterhin blühen kann, gibt es kein Problem. Das Problem entsteht, weil sie denken, dass du versuchst zu entkommen und dass die Liebe zerstört wird, daher werden sie furchtsam und halten noch mehr fest. Je fester sie halten, desto mehr fängst du an wegzulaufen – so beginnt der Teufelskreis.

Sobald Verständnis zwischen euch fließt, gibt es kein großes Problem mehr. Wir sind hier, um einander glücklich zu machen, nicht unglücklich. Wenn du den anderen glücklich machst, wächst dein eigenes Glück und der andere gibt es zurück, und das hört nicht auf. Das kann sich immer weiter auf tausendundeine Art widerspiegeln.

aus: Nothing To Loose But Your Head

Es ist ein tief verwurzeltes Problem in jeder Mann/Frau-Beziehung: Der Mann hat mehr Bedürfnis nach Freiheit als nach Liebe und die Frau hat mehr Bedürfnis nach Liebe als nach Freiheit. Es ist nicht nur dein Problem; es ist ein Problem bei jedem Paar auf der ganzen Welt. Die Frau sorgt sich überhaupt nicht um Freiheit. Sie ist bereit, eine Sklavin zu werden, wenn sie nur den anderen auch zum Sklaven machen kann. Sie ist bereit, jede Art von Bindung einzugehen, wenn der andere auch zur Bindung gezwungen wird. Sie ist bereit, in einem Gefängnis zu leben, wenn der andere bereit ist, in einer dunklen Zelle zu leben.

Und der Mann ist bereit, sogar die Liebe zu opfern, wenn sie zu riskant für seine Freiheit wird. Er würde gerne im offenen Himmel leben, auch allein, das ist in Ordnung. Er würde gerne in einer liebevollen Beziehung leben, aber sie wird dunkel und zu einem Gefängnis. Da liegt also die Schwierigkeit.

Wenn beide verständnisvoll sind, einigen sie sich irgendwie. Er schraubt sein Bedürfnis nach Freiheit ein wenig herunter und die Frau schraubt ihr Bedürfnis nach Bindung und ihre Besitzgier ein wenig herunter; sie erreichen ein Gleichgewicht – halbe/halbe. Dann braucht die Frau fünfzig Prozent Liebe und fünfzig Prozent Bindung und der Mann fünfzig Prozent Liebe und fünfzig Prozent Freiheit. Dann gibt es die Möglichkeit des Verstehens und Wachsens.

Wenn du hundert Prozent Bindung forderst, und er hundert Prozent Freiheit fordert, dann gibt es ständigen Konflikt und Zanken und Nörgeln – und das ist hässlich. Und wozu das alles? Du findest einen anderen. Vielleicht findest du jemanden, der eine Bindung will, und vielleicht findet er jemanden, der ihm Freiheit lässt.

aus: Above All, Don't Wobble

Freiheit, Hoffnung, Schuldgefühle

Wenn du Freiheit gibst, muss es bedingungslos sein. Ob Sex oder kein Sex, das ist nicht die Frage. Wenn du dem anderen seinen eigenen Raum zugestehst, gibst du ihn total, ohne Gängelband. Es ist auch nicht eine lange Leine – es gibt keine Leine. Wenn du mit Freiheit eine lange Leine meinst, ist es nicht Freiheit. Es ist eine geschickte List – und die wird dir nicht helfen. Du gibst Raum und Freiheit, aber du hoffst immer weiter, dass es nicht als selbstverständlich hingenommen wird.

Das ist die Verwirrung; deshalb fühlst du dich aus dem Gleichgewicht geworfen. Wir geben dem anderen Freiheit mit der Vorstellung, dass der andere sie nicht nutzen wird. Tief in unserem Innern hoffen wir ständig, dass der andere sich uns gegenüber verpflichtet fühlt, uns mehr lieben wird. Wir geben Freiheit, aber mit der tiefen, unbewussten Hoffnung, dass der andere sie nicht nutzen wird. Wenn der andere sie nutzt, dann entsteht das Problem. Gib vollständige Freiheit. Du solltest dich gut fühlen dabei, dass sie sich nicht schuldig fühlt. Jemandem Schuldgefühle zu machen, ist eine Sünde; keine andere Sünde kommt dieser gleich. Sie verkrüppelt die Menschen, lähmt sie. Sag ihr also, dass sie vollständig frei sein kann und sich nicht schuldig fühlen soll.

Wenn du das einmal akzeptiert hast, hast du eine sehr, sehr tiefe Freiheit in dir selbst, denn dies ist ein grundlegendes Gesetz: Wenn du anderen Freiheit geben kannst, dann hast du sie. Und nichts kommt der Freiheit gleich.

Wenn du anderen keine Freiheit gibst, dann hast du sie nicht, kannst sie nicht haben. Je mehr du davon gibst, desto mehr hast du davon. Je weniger du gibst, desto weniger hast du davon. Es ist ein zweischneidiges Schwert – es schneidet nach zwei Seiten. Du gibst dem anderen Freiheit und sofort bist du frei. Du versuchst, eine Gefangenschaft, ein Besitzverhältnis um den anderen herum aufzubauen, und du bist gebunden, du bist ein Sklave; es ist gegenseitig.

Also akzeptiere es einfach. Wenn du das tust, kommt sehr bald tiefe Ruhe über dich, plötzlich ist Freiheit da. Sie kann in diesem Moment kommen. Es ist nicht eine Frage, über die man nachdenkt. Es ist nur ein Blitz des Verstehens.

Und wenn sie sich von einem anderen angezogen fühlt, was kann sie tun? Da kann man nichts machen. Man ist ein Opfer so vieler Begierden. Habe also Mitgefühl mit ihr und sage ihr nur, sie soll sich darüber überhaupt keine Sorgen machen.

Bald wirst du sehen, dass ihr Schuldgefühl verschwinden wird, indem du ihr mehr Freiheit gibst, und dann verschwindet allmählich auch das Verlangen nach anderen. Es ist ein Teufelskreis. Du fühlst dich zu jemandem hingezogen und du fühlst dich schuldig, weil du einem anderen versprochen hast, für immer bei ihm zu bleiben. Du gehst gegen dein eigenes Versprechen, dein eigenes Ego, dein eigenes Image.

Je schuldiger du dich fühlst, desto mehr fühlst du dich angezogen. Je mehr du versuchst, ein Verlangen zu unterdrücken, desto mächtiger wird es. Je mehr du ihm Widerstand leistest, desto mehr fantasiert der Kopf darüber. Wenn das Schuldgefühl verschwindet, ist es ein gutes Zeichen; ein Zeichen, dass deine Geliebte aus dem Teufelskreis herauskommt. Bald wird sie sehen, dass niemand sie hindert, und der ganze Reiz wird vergehen. Sie wird sehen, dass da jemand ist, der sie so sehr liebt, dass er sogar bereit ist, ihren Liebhaber zu lieben. Sie wird eine neue, sogar tiefere Beziehung zu dir verspüren.

Und dies ist etwas, was du verstehen musst: Du kannst jemandem auf zwei Arten nahe sein. Du kannst durch das Gesetz dazu gezwungen sein, durch Gewissen, Schuldgefühl, Religion, die Polizei – dann bist du ihm zwar nahe, aber du bist ihm nicht wirklich nahe. Du bist ihm nur körperlich nahe.

Es gibt eine andere Nähe, die aus der Freiheit kommt. Beide Partner haben die Freiheit, so weit entfernt zu sein, wie sie es möchten, aber dennoch wählen sie, beieinander zu sein. Es ist eine Wahl aus vollkommener Freiheit heraus. Sie hat einen andersartigen Duft. Sie ist nicht von dieser Welt... sie ist beinahe etwas aus einer anderen Welt.

Also nimm es einfach an und nimm es mit Freude an. Fühle dich glücklich darüber, dass du ihr eine solche Freiheit geben konntest.

aus: Nothing To Loose But Your Head

Akzeptiere den Rhythmus der Liebe

Es ist ein Bedürfnis da, sich zurückzuziehen und dann wieder zusammenzukommen; es ist ein Rhythmus. Es ist überhaupt kein Problem. Du kannst nicht vierundzwanzig Stunden lang mit einer Person in derselben Stimmung sein. Nein, wenn das Bedürfnis nicht da ist, seid getrennt.

Eine Ehe ist nicht etwas, das gegen die Scheidung ist. Sie ist etwas, was mehr ist als Scheidung. In einer Ehe geschehen viele Scheidungen, jeden Tag finden viele Scheidungen statt – aber die Ehe überlebt. Sie ist mehr als die Scheidungen; sie steht nicht dagegen. Wenn du deine Frau liebst, überwindest du die Momente, in denen du dich zurückziehen und weggehen willst. Sie kommen für jeden, sie sind natürlich, also mache kein Problem daraus. Wenn du dich nicht nach Zusammensein und Nähe fühlst, gehe einfach weg. Sonst fühlst du dich in der Nähe wie ein Gefangener. Sie macht keinen Gefangenen aus dir – du machst dich selber zum Gefangenen. Wenn du dich danach fühlst wegzugehen, bitte sie einfach, dich zu entschuldigen, und geh weg. Sie wird verstehen, weil sie dasselbe Problem auch hat. Jedermann hat dasselbe Problem und wir müssen verständnisvoll sein.

Manchmal fühlt man sich ärgerlich und manchmal fühlt man sich nicht danach zu lieben. Da gibt es kein Problem – das sind einfach menschliche Stimmungen. Du bist nicht übermenschlich... Du probierst es zwar, aber du bist es noch nicht, hm? Sei menschlich und akzeptiere alles, was menschlich ist, mit absoluter Menschlichkeit. Du würdest es gerne transzendieren, aber du kannst nicht einfach herausspringen; man muss es langsam erarbeiten. Die Reife wird allmählich kommen, durch viele Krisen, viele Konflikte, Spannungen und Alpträume, durch vielmaliges In-die-Irre-gehen. Nach und nach reift man. Das Leben ist ein Schmelztiegel.

Lebe ein wahres und authentisches Leben, hmm? Also, von diesem Augenblick an wird sie drei Wochen lang unsicher sein, und du wirst wahrhaftig sein. Wenn du sie wirklich berühren willst, dann berühre sie, sonst nicht – denn wenn du sie nicht wirklich berühren willst, dann ist deine Berührung giftig. Es vergiftet dich. Es vergiftet sie. Die Berührung verliert jede Bedeutung und sie wird so stumpf, dass sie hässlich ist, ekelerregend. Und der Haken ist – wenn du sie weiterhin anfasst, wenn du gar nicht willst, dann verliert deine Hand auch in jenen seltenen Augenblicken, wo du es möchtest, die Qualität des Berührens. Und diese Augenblicke müssen bewahrt werden, sie sind das Salz des Lebens, und für diese wenigen Momente lebt man, zerstöre sie also nicht.

Wenn die Idee kommt, ihr nahe zu sein, dann sei wirklich nahe. Dann wirst du dich nicht wie ein Gefangener fühlen. Du empfindest eine tiefe innere Verbindung, einen wunderschönen Tanz, einen Gesang, eine Ekstase. Teilt eure schönen Augenblicke miteinander, aber es besteht keine Notwendigkeit, euch gegenseitig durch eure hässlichen Momente zu quälen.

Liebe ist eins der Dinge, die am schwierigsten zu erreichen sind – und die Menschen denken, dass sie jedermann einfach zugänglich ist. Sie ist schwierig, schwieriger als

Meditation, weil du die Meditation alleine machen kannst. Für die Liebe braucht man zwei. Die Schwierigkeiten vervielfachen sich. Sie hat ihre Schwierigkeiten, du hast die deinen, und wenn ihr zusammenkommt, vervielfachen sie sich, sie überschneiden sich und das Ganze verwirrt sich. Aber man muss darüber hinauswachsen. Habt keine Angst, seid tapfer... Und macht kein Problem daraus – es gibt keins.

Akzeptiert den Rhythmus des Lebens. Es ist so wie Tag und Nacht: Am Tag arbeitest du, in der Nacht ruhst du. Wenn du eine oder zwei Stunden mit ihr verbringst, genießt du es, aber dann willst du gehen, weil der Hunger verschwunden ist, man fühlt sich befriedigt. Es ist geradeso, als ob du dich an den Tisch setzt und fortfährst, zu essen und zu essen und zu essen. Das Essen ist bis zu einem bestimmten Punkt nahrhaft, aber dann erzeugt es Übelkeit; wenn du weiterisst, musst du dich übergeben. Dieselbe Nahrung, die zu Energie geworden wäre, wird zur Krankheit.

Denke daran, dasselbe trifft auf eine menschliche Beziehung zu. Die Liebe, die Nahrung werden kann, erregt dann Übelkeit. Wenn der Rhythmus unterbrochen ist, seid wachsam – verlasst einander. Bleibt allein, sodass ein gewisser Hunger nach Zusammensein wachsen kann – eine ständige Scheidung und Heirat.

aus: Above All Don't Wobble

Liebe kann ohne Verständnis nicht existieren

Liebe ist verrückt, ihr könnt sie nicht normal machen. Liebe ist verrückt – und das ist ihre ganze Schönheit! Sie ist nicht rational, sie ist noch nicht einmal vernünftig. Und dies geschieht jedem: Manchmal möchtest du gerne in diesem Zustand sein und manchmal möchtest du gerne draußen sein. Manchmal möchtest du vom Objekt deiner Liebe weggehen, und manchmal möchtest du dich im Objekt deiner Liebe auflösen. Beides stimmt – du solltest nicht zwischen diesen beiden entscheiden. Sie gehören zusammen, zwei Seiten desselben Phänomens.

Du musst verstehen: Es ist nicht eine Frage der Wahl, lediglich eine Frage des Verstehens. Es ist wie Tag und Nacht. Du kannst nicht immer im Zustand der Liebe sein – das ist schwierig. Unmöglich! Manchmal muss man auch von der Liebe ausruhen.

Diese beiden Dinge werden also kommen und gehen. Manchmal fühlst du tiefe Liebe und kümmerst dich nicht um die Freiheit. Manchmal brauchst du deinen Raum, denkst an Freiheit und kümmerst dich nicht um die Liebe. Aber beides stimmt; man muss zu einer Verständigung kommen.

Wenn du also mit deinem Liebhaber lebst, dann sorge für Verständigung, redet miteinande, und verstehe, dass er manchmal seinen Raum braucht. Und das ist kein Problem: Es mag euch beiden nicht zur selben Zeit geschehen. Manchmal möchtest du bei ihm sein und er möchte allein sein – daran kann man nichts ändern. Das musst du verstehen und ihn in Ruhe lassen. Manchmal möchtest du allein sein, aber er möchte zu dir kommen – dann sage ihm, dass du da nichts machen kannst!

Also versuche mehr und mehr, das zu verstehen. Das ist es, was Liebenden fehlt: Liebe haben sie genug, aber kein Verständnis, überhaupt keins. Deshalb stirbt ihre Liebe auf den Felsen des Missverständnisses. Liebe allein kann ohne Verständnis nicht existieren. Liebe allein ist sehr dumm; mit Verständnis kann die Liebe ein langes Leben haben, ein großartiges Leben – mit vielen miteinander geteilten Freuden, vielen miteinander geteilten schönen Augenblicken, großen poetischen Erlebnissen. Aber das geschieht nur durch Verstehen.

Liebe kann dir kleine Flitterwochen bescheren, aber das ist alles. Nur Verstehen kann dir tiefe Vertrautheit geben. Und allen Flitterwochen folgen Niedergeschlagenheit, Ärger, Frustration. Wenn dein Verständnis nicht wächst, helfen dir keine Flitterwochen; sie sind wie eine Droge.

Versuche also, mehr Verständnis aufzubringen. Und selbst wenn ihr euch eines Tages trennt, bleibt euch das Verständnis, und das ist ein Geschenk eurer Liebe zueinander.

Liebende können sich trennen, aber das Verständnis, das durch den anderen, durch die Gesellschaft des anderen gewonnen worden ist, wird immer mit dir sein. Das bleibt als Geschenk – es kann kein anderes Geschenk geben. Wenn du jemanden liebst, ist das einzig wertvolle Geschenk, das du ihm machen kannst, ein gewisses Maß an Verständnis.

aus: For Madman Only

Sex, Liebe und Romantik

Du sagst, lass all deine Masken fallen und sei authentisch. Ich denke nur an Sex, Liebe und Romantik. Ich kenne nichts anderes als das. Bin ich auf der falschen Spur?

Ich kann nichts Falsches an Sex, an Liebe, an Romantik sehen. Du bist auf der richtigen Spur. Liebe ist die richtige Spur und nur ein in Liebe gelebtes Leben führt zum Gebet – nichts anderes. Nur aus den tiefen Erfahrungen der Liebe, süßen und bitteren, erfreulichen und schmerzhaften, hohen und tiefen, Himmel und Hölle, nur aus tiefen Erfahrungen von Schmerz und Freude durch die Liebe wird man bewusst. Sie sind nötig, um dich bewusst zu machen.

Schmerz ist ebenso nötig wie Freude, denn beide wirken. Und nach und nach wirst du zum Seiltänzer zwischen der Freude und dem Schmerz. Du kommst ins Gleichgewicht.

Aber jahrhundertelang wurde die Liebe verurteilt, wurde Sex verurteilt. So entsteht natürlich die Vorstellung in deinem Kopf, dass du auf der falschen Spur sein musst. Du bist einfach natürlich. Natürlich zu sein, heißt nicht, auf der falschen Spur zu sein. Wenn du so denkst und anfängst zu verurteilen, dann bist du auf der falschen Spur. Dann unterdrückst du, und was immer du unterdrückst, wird weiter in deinem Unterbewusstsein schlummern, in deinem Keller, und dann entsteht viel Hässliches aus dieser Unterdrückung.

Lass mich dir ein paar Anekdoten erzählen: Über einen sehr reichen und wohlbekannten Mann, Lord Dewsberry, erzählt man sich Folgendes: Auf den Tag genau neunzig

Jahre alt, saß er in dem breiten Erkerfenster seiner ebenerdigen Wohnung in Park Lane, um die Sonntagmorgenspaziergänger zu beobachten.

Plötzlich erblickte er ein hübsches, junges Mädchen, das einen Kinderwagen zum benachbarten Park hinüberschob. „Schnell, James", sagte er, „meine Zähne; ich wünsche zu pfeifen!"

Neunzig Jahre! – Aber das kommt vor.

Denk daran, wenn du jetzt nicht pfeifst, dann wirst du eines Tages, wenn du auch keine Zähne mehr hast, einen jungen Mann spazieren gehen sehen und „Schnell, bring meine Zähne!" rufen. Das ist hässlich. Jetzt sind die Zähne in Ordnung, du kannst pfeifen. Alles sollte zu seiner Zeit getan werden. Sonst wird es hässlich.

Ein Kind, das Schmetterlingen hinterherrennt, ist in Ordnung, während ein Mann von vierzig, der um Schmetterlinge herumläuft, verrückt aussieht. Junge Männer müssen ein wenig närrisch sein. Das wird erwartet und auch akzeptiert. Nichts ist verkehrt daran. Dies muss etwas sein, das grundlegend für das Leben ist: gelegentlich dumm zu sein, denn Weisheit kommt aus der Erfahrung vieler Torheiten. Du kannst nicht plötzlich weise werden. Du musst dich in Bewegung setzen und fehlgehen und viele närrische Dinge tun. Und aus all diesen Handlungen, seien sie töricht oder nicht, erwächst Weisheit.

Weisheit ist wie ein Duft, doch die Erfahrungen der Torheit wirken wie Dünger. Sie stinken! – Aber wunderschöne Blumen gehen daraus hervor. Vermeide also nicht den Mist des Lebens, sonst verfehlst du die Blüten der Weisheit. Und du kannst ein Verlangen von einer Seite her unterdrücken, aber es wird auf der anderen Seite wieder aufsteigen. Du kannst das Leben nicht täuschen.

„Mama", sagte das kleine Ungeheuer, „die Jungs in der Schule sagen immer, dass ich so einen großen Kopf habe."

„Du hast überhaupt keinen großen Kopf", sagte die Mutter. „Vergiss einfach diese garstigen Jungs und lauf runter für mich zum Einkaufen. Ich brauche zehn Pfund Kartoffeln, fünf Pfund Rüben und zwei Kohlköpfe."

„In Ordnung, Mama. Wo ist die Einkaufstasche?"

„Oh, ist doch egal. Nimm einfach deine Mütze."

Also von dieser Seite oder von jener... denk noch mal darüber nach. Zehn Pfund Kartoffeln, fünf Pfund Rüben und zwei Kohlköpfe – und nimm einfach deinen Hut, nimm einfach deine Mütze. Du kannst etwas auf der einen Seite unterdrücken; aber es wallt auf der anderen Seite wieder auf. Unterdrücke nie irgendetwas. Wenn Sex da ist, lass ihn zu, ehe es zu spät ist. Lass ihn zu, gehe in ihn hinein, akzeptiere ihn. Er ist ein von Gott gegebenes Ding. Es muss ein tiefer Sinn darin liegen. Das ist so. Weiche nie irgendeiner Verantwortung aus, die Gott dir gegeben hat, sonst weichst du dem Wachstum aus. Und solche Fragen zu stellen in diesem Jahrhundert, diesem zwanzigsten Jahrhundert, ist einfach dumm.

Der Sechsjährige besuchte zum ersten Mal den Zoo und wie immer stellte er unangenehme Fragen. „Sag mal, Pappi, woher kommen die kleinen Elefanten?" fragte er und fügte dann hinzu: „Und wenn du mir nochmal mit dieser alten Klapperstorchgeschichte kommst, dann weiß ich wirklich, dass du spinnst!"

Elefanten, die vom Storch gebracht werden? – Darum sagt

der Sechsjährige: „Und wenn du mir dieses Mal wieder mit dieser alten Klapperstorchgeschichte kommst, dann weiß ich wirklich, dass du spinnst!“

Vorüber sind die Tage, als das Denken der Menschen noch von Verurteilungen und lebensfeindlichen Philosophien bestimmt war. Nach Freud hat der Mensch angefangen, Sex auf natürliche Weise zu akzeptieren. Eine große Revolution hat in der Welt stattgefunden.

Jetzt noch verurteilend zu denken heißt einfach, nicht zeitgemäß zu sein. Die Frage wäre also in Ordnung gewesen, wenn sie vor fünfhundert Jahren gestellt worden wäre, aber heute? Das ist absurd.

Und in meinem Ashram?

aus: The Alpha And The Omega

Coito – ergo sum

Descartes sagt: „Cogito, ergo sum – ich denke, also bin ich." Es gibt einen anderen Spruch, der im Westen die Runde macht: „Coito, ergo sum – ich liebe, also bin ich", oder „ich paare mich, also bin ich." Was ist der Unterschied zwischen diesen beiden Aussagen?

Zuerst – beide sind falsch. Denn: „Ich denke, also bin ich", heißt, die Dinge auf den Kopf stellen. Dein Sein kommt zuerst, dein Denken entsteht später. Dein Denken kann kein Beweis für dein Sein werden. Das Sein geht voraus, das Sein kommt zuerst; das Denken kommt später.

Und Descartes ist sich nicht bewusst, er ist sich des östlichen Ansatzes überhaupt nicht bewusst – dass ein Augenblick kommt, wo das Denken wieder fallen gelassen werden kann, und du bist immer noch. Das ist das, was in Meditation geschieht: Das Denken ist nicht mehr, aber du bist. Denken ist also willkürlich, nicht wesentlich. Es ist nicht wesentlich für das „ich bin".

Er sagt: „Cogito, ergo sum – ich denke, also bin ich." Nein: „Ich bin, also denke ich." Aber das ist nur eine Dimension. „Ich bin, also fühle ich" – das ist eine weitere Dimension. „Ich bin, also liebe ich"... aber allem geht das „ich bin" voraus. Diese reine Existenz, dies Sein, geht allem voraus.

Beide Aussagen sind also falsch, nicht wahr. Aber wenn du zwischen den beiden wählen musst, dann ist die zweite weit besser. Zuerst kommt „Cogito, ergo sum – ich denke, also bin ich". Dann kommt „Coito, ergo sum – ich liebe, also bin ich". Das Zweite ist weit besser als das Erste. Weil das Denken vom Kopf her kommt – es ist sehr bruchstückartig. Lieben ist totaler, orgasmischer.

Die zweite Aussage kann von der gesamten Philosophie des Tantra gutgeheißen werden. Die erste ist gewöhnlich, die zweite ist außergewöhnlich. Aber man muss sich daran erinnern, dass das Sein allem vorangeht. Am Anfang bist du,und am Ende wirst du auch sein. Und alles andere ist dazwischen; die Dinge kommen und gehen wie Träume.

Ich habe gehört:

Ein Dörfler, ein alter Mann, saß auf seinem Zaun und betrachtete den vorüberfließenden Verkehr. Viele Autos fuhren vorbei, und Lastwagen und Busse, und er hatte Spaß. Ein Autofahrer hielt an, der sah, dass der alte Mann – er muss achtzig Jahre oder mehr gewesen sein – sich einfach vergnügte, indem er auf dem Zaun saß.

Und er fragte: „Was ist los, alter Mann? Du siehst so glücklich aus. Ich kann nicht länger als einige Minuten auf dem Zaun sitzen, ohne unruhig zu werden. Und du siehst so glücklich und so ruhig aus. Ich bin immer unterwegs von einem Platz zum anderen, von einer Stadt zur anderen. Nur das hält mich glücklich. Ich bin ein Reisender, ein geborener Vagabund. Du bist genau das Gegenteil."

Der alte Mann lachte und sagte: „Sohn, da ist nicht viel Unterschied. Du fährst in deinem Auto und siehst Zäune vorüberziehen. Ich sitze auf meinem Zaun und sehe Autos vorüberziehen. Da ist nicht viel Unterschied. Es kommt alles auf dasselbe raus."

Am Anfang bin ich und am Ende bin ich. In der Mitte

geschehen tausendundeins Dinge; das, was die Zen-Leute „die zehntausend Dinge" nennen, geschieht. Aber es kommt alles auf dasselbe heraus. Elend und Glück, Ekstasen, Aufregungen und Seelenqualen, Schmerzen und Freuden – nur Träume auf dem Weg. Die Quelle bleibt rein. Und zur Quelle zurückzukehren, darin besteht der ganze Prozess des Zur-Wahrheit-Kommens.

aus: Take It Easy

Hör auf zu denken – gib dich hin

In einer Liebesbeziehung sollte das Denken keinen Platz haben. Es ist ein verrücktes Ding, verliebt zu sein. Mit dem Kopf hat es nichts zu tun. Man sollte aus dem Herzen heraus kommen. Es ist eine Art Geisteskrankheit. Es ist gut und steht über der so genannten geistigen Gesundheit, aber bringe nicht deinen Kopf und dein Argumentieren hinein, sonst zerstörst du es.

Der Kopf ist eine zerstörerische Kraft. Alle Kreativität kommt aus dem Herzen und alles, was schön ist, wird aus dem Herzen geboren. Der Verstand ist sehr gewalttätig. Die Gewalttätigkeit mag subtil sein, aber sie ist da. Sie möchte manipulieren, erobern, besitzen und in einer Liebesbeziehung sind all diese Dinge Gift.

In einer Liebesbeziehung solltest du besessen sein – du solltest nicht versuchen, zu besitzen. In einer Liebesbeziehung solltest du dich hingeben und du solltest nicht dauernd beobachten, wer gerade die Oberhand hat. Hör also auf zu denken. Und wann immer du merkst, dass du denkst, reiß dich zusammen und gib deinem Kopf einen tüchtigen Ruck – einen wirklichen Ruck, sodass alles in ihm durcheinander gerät. Mache es zu einer ständigen Gewohnheit und nach ein paar Wochen wirst du merken, dass dieser Ruck hilft. Plötzlich wirst du wacher.

In Zen-Klöstern geht der Meister mit einem Stock umher und immer, wenn er einen Schüler dösen oder denken sieht oder wenn er Träume auf seinem Gesicht schweben sieht, schlägt er ihn sofort hart auf den Kopf. Das geht wie ein Schock durch das Rückgrat – und im Bruchteil einer

Sekunde hört das Denken auf und Wachheit entsteht.

Ich kann dir nicht mit einem Stock folgen. Gib dir selbst einen Ruck, einen tüchtigen. Und rege dich nicht auf, selbst wenn die Leute denken, du bist ein bisschen verrückt, es gibt nur eine Verrücktheit und das ist die des Verstandes. Zu viel Denken ist die einzige Verrücktheit. Alles andere ist schön. Der Kopf ist die Krankheit.

aus: Nothing To Loose But Your Head

Der andere ist nie verantwortlich

Der andere ist nie verantwortlich. Benutze dies als ein Mantra: Der andere ist nie verantwortlich... Versuche, dir das ständig bewusst zu machen, sodass du dich daran erinnerst, wann immer du anfängst, an dem anderen einen Fehler zu finden. Ertappe dich selbst auf frischer Tat und lass es sofort und auf der Stelle fallen. Und bitte um Verzeihung.

Und das Zweite: Glaube nicht, dass Liebe ewig währt. Sie ist sehr vergänglich. Sie ist vergänglich wie eine Rosenblüte. Am Morgen ist sie da – am Abend ist sie vergangen. Jede Kleinigkeit kann sie zerstören. In der Tat, je höher etwas steht, umso zerbrechlicher ist es. Es muss beschützt werden. Ein Fels besteht, aber die Blume vergeht. Wenn du einen Fels auf die Blume wirfst, wird der Fels nicht verletzt, aber die Blume ist zerstört.

Liebe ist sehr zart und zerbrechlich. Man muss sehr, sehr sorgfältig und vorsichtig mit ihr umgehen. Du kannst solchen Schaden anrichten, dass der andere sich verschließt, anfängt, sich zu verteidigen. So wird man verschlossen. Wenn du zu sehr kämpfst, fängt er an, dir zu entkommen; er beginnt, immer kälter zu werden und immer verschlossener, sodass er durch deinen Angriff nicht mehr verletzbar ist. Dann greifst du ihn mehr an, weil du dieser Kälte Widerstand leistest. Dies kann ein Teufelskreis werden. Und auf diese Weise entfernen sich Liebende allmählich voneinander. Sie treiben voneinander weg und sie denken, dass der andere verantwortlich war, dass der andere sie verraten hat.

So wie ich es sehe, hat tatsächlich kein Liebender je irgendjemanden verraten. Nur Unwissenheit tötet Liebe – niemand verrät sie. Beide wollten zusammensein, aber irgendwie waren beide unwissend. Ihre Unwissenheit hat ihnen Streiche gespielt und hat sich vervielfacht. Nach und nach werden sie auseinander getrieben. Dann denken sie, dass Liebe gefährlich ist.

Liebe ist nicht gefährlich.

Nur Unbewusstheit ist gefährlich.

Es gibt viele Menschen, die Liebe vermeiden, nur um auf sicherem Boden zu sein. Es gibt Menschen, die nicht in irgendeiner Beziehung gebunden sein wollen, denn sie wissen, wenn du dich einmal eingelassen hast und dem anderen nahe kommst, beginnt das Kämpfen, beginnt der Widerstand und hässliche Dinge kommen hoch; also was soll das alles? Sie sind höchstens an sexuellen Beziehungen interessiert, aber nicht an Vertrautheit. Und bevor eine Beziehung nicht tief und vertraut ist, wirst du niemals wissen, was Beziehung wirklich ist.

aus: Beloved of My Heart

Mit negativen Gefühlen umgehen

Ich habe eine sehr schöne Beziehung mit Geet und... ich weiß nicht, wie ich's sagen soll!

Das ist sehr gut! Zerstöre sie nicht, das ist alles, denn schöne Dinge sind so leicht zu zerstören. Je schöner, umso gefährlicher, denn sie können leichter zerstört werden. Je schöner, umso zerbrechlicher – also behandle sie mit Sorgfalt! Sonst geschieht es fast immer, dass Menschen etwas Schönes zerstören, und sie tun das so unwissend, dass sie sich nicht einmal dafür verantwortlich fühlen.

Liebe ist anfangs immer schön, weil man dann noch nicht seine destruktiven Energien in sie einfließen lässt. Am Anfang lässt man nur seine positiven Energien in sie einfließen – beide Partner vereinigen ihre Energie auf positive Weise und die Sache läuft einfach phantastisch. Aber dann fangen auch die negativen Energien nach und nach an überzufließen; man kann sie nicht ewig zurückhalten. Und wenn man erstmal mit seiner positiven Energie am Ende ist, von der nicht viel da ist... und die negative Energie ist sehr groß, hmm? Das Positive ist nur eine kleine Menge, und so sind in ein paar Tagen die Flitterwochen vorbei, dann kommt das Negative, dann öffnet die Hölle ihre Türen und man versteht nicht mehr, was passiert ist – eine so wunderbare Beziehung, warum ist sie gestrandet?

Wenn man von Anfang an wach bleibt, kann sie gerettet werden. Gib also deine positiven Energien hinein, aber vergiss nicht, dass früher oder später das Negative ebenfalls auftritt. Sobald das Negative ebenfalls auftritt, musst du das Negative *alleine* freisetzen. Geh in dein Zimmer und lass deine Negativität raus; es ist kein Grund, sie auf den anderen abzuladen.

Wenn dir nach Schreien und Brüllen und schäumender Wut zumute ist, geh in ein Zimmer und schrei und sei wütend und verprügele ein Kissen, denn niemand sollte so gewalttätig sein, dass er sich an anderen Leuten auslässt. Sie haben dir nichts Böses getan, warumsolltest du dich an ihnen auslassen. Es ist besser, alles, was negativ ist, in den Mülleimer zu werfen.

Wenn du wach bleibst, wirst du überrascht feststellen, dass es möglich ist; und sobald das Negative vorbei ist, fängt das Positive wieder an überzufließen.

Das Negative kann erst sehr spät in einer Beziehung *gemeinsam* freigesetzt werden; wenn die Beziehung schon sehr tiefe Wurzeln hat – und auch dann darf es nur als eine therapeutische Maßnahme geschehen. Wenn die beiden Partner einer Beziehung sehr, sehr wach geworden sind, sehr positiv und sich als *ein* Wesen konsolidiert haben und jetzt in der Lage sind, die Negativität des anderen zu tolerieren und sie nicht nur zu tolerieren, sondern zu nutzen, dann müssen sie zu einem Einverständnis kommen, dass sie jetzt auch gemeinsam negativ sein können, und zwar als therapeutische Maßnahme.

Aber auch dann ist mein Vorschlag, dass ihr die Sache sehr, sehr bewusst angehen müsst und nicht unbewusst. Macht es in voller Absicht. Vereinbart, dass ihr jeden Abend eine Stunde lang miteinander negativ sein werdet – macht ein Spiel daraus – statt irgendwann oder irgendwo sonst negativ zu sein. Denn so bewusst sind die Menschen nicht: Vierundzwanzig Stunden lang sind sie nicht bewusst; aber eine Stunde lang können beide durchaus zusammensitzen und zusammen negativ sein. Und dann wird es ein Spiel sein, wird es wie eine Gruppe sein. Nach einer Stunde habt ihr es hinter euch und ihr tragt den Katzenjammer nicht mit euch herum. Ihr tragt es nicht in eure Beziehung hinein.

Der erste Schritt: Das Negative muss allein freigesetzt werden. Der zweite Schritt: Das Negative sollte zu einer abgemachten Zeit freigesetzt werden, mit der Vereinbarung, dass ihr beide die Negativität gemeinsam herauslasst. Erst in der dritten Phase sollte man ganz natürlich werden. Und dann braucht man keine Angst mehr zu haben, dann könnt ihr negativ *und* positiv sein, und beides ist schön – aber das erst in der dritten Phase.

Wenn du in der ersten Phase das Gefühl hast, dass jetzt keine Wut mehr kommt – du sitzt vor dem Kissen und es kommt keine Wut... es wird monatelang Wut kommen, aber eines Tages wirst du merken, dass sie nicht mehr strömt. Die Sache ist sinnlos geworden, du kannst nicht mehr allein wütend sein. Dann ist die erste Phase vorüber.

Aber gib auch dem anderen Zeit nachzuprüfen, ob seine erste Phase vorüber ist oder nicht. Wenn seine auch vorüber ist, beginnt die zweite Phase. Dann könnt ihr vorsätzlich ein oder zwei Stunden lang – ob morgens oder abends, das könnt ihr entscheiden – negativ werden. Es ist ein Psychodrama, es ist sehr unpersönlich.

Du schlägst nicht hart zu – du schlägst zwar, aber trotzdem schlägst du nicht den anderen Menschen. In Wirklichkeit wirfst du einfach nur deine Negativität heraus. Du beschuldigst den andern nicht, du sagst nicht: „Du bist schlecht“, sondern du sagst einfach: „Ich habe das Gefühl, dass du schlecht bist.“ Du sagst nicht etwa: „Du hast mich beleidigt“, sondern du sagst: „Ich fühle mich beleidigt.“

Das ist etwas völlig anderes, es ist ein vorsätzliches Spiel: „Ich fühle mich beleidigt und so will ich jetzt meine Wut loswerden. Du bist mir am nächsten, fungiere also bitte als Aufhänger für mich…“ Und vom anderen wird es ebenso gehalten.

Es kommt der Augenblick, wo ihr wiederum entdeckt, dass diese vorsätzliche Negativität nicht mehr funktioniert. Ihr sitzt euch eine Stunde lang gegenüber und bei dir kommt nichts und bei dem anderen kommt nichts. Dann ist diese zweite Phase vorbei.

Jetzt kommt die dritte Phase und die dritte Phase ist, das *Ganze* leben. Jetzt seid ihr bereit, negativ und positiv zu sein: Ihr könnt spontan sein.

Auf diese Weise wird Liebe zu einer Ehe.

Aber irgendwie fühle ich, dass wir gerade jetzt in diesem dritten Stadium sind. Ich fühle, dass ich jetzt sofort mit ihm negativ sein kann.

Wenn du das fühlst, dann tu's, hm? Dann berichte mir nach drei Wochen.

Jeder Liebende fühlt das; das ist das ganze Elend der Sache. Jeder Liebende fühlt, dass sie gefestigt sind, dass das dritte Stadium gekommen ist, dass dies für immer weitergeht. Dann versuche es! Sehr gut – Du hast meinen Segen, versuche es, hmm? Aber das ist die Dummheit jedes

Liebenden. Das hat nichts mit dir zu tun; es ist die Euphorie, die die Liebe erzeugt.

Gerade heute habe ich über einen Mann gelesen...

Er ging zum Doktor, seine Frau war schwanger und dies war das dreizehnte Kind. Also sagte der Doktor: „Nun ist es ein bisschen zu viel. Und du bist so arm, du bist arbeitslos. Deine Frau stirbt noch wegen dieser Schwangerschaften jedes Jahr. Für ihr Alter sieht sie schon sehr alt aus. Du kannst diese Kinder nicht ernähren, du kannst diese Kinder nicht erziehen – du hast nicht einmal ein Dach über dem Kopf! Warum also hörst du nicht auf? Du kannst sie nicht ernähren! Das nächste Mal, wenn du anfängst, deine Frau zu lieben, denke nochmal nach! Verwende Verhütungsmittel – denke daran, du kannst sie nicht ernähren!"

Der Mann sagte: „Wenn ich Lust habe, mit meiner Frau zu schlafen, fühle ich auch, dass ich ganz Indien ernähren kann!"

Und er hat Recht! Diese Augenblicke sind verrückte Augenblicke. Jeder Liebende fühlt, dass dies etwas ist, das ewig währt, dass dies etwas ist, was noch nie jemand anderem widerfahren ist, und dass dies für immer und ewig andauern wird. Jeder Liebende fühlt es so und auf diese Weise wird es von jedem Liebenden zerstört. Es wird nicht so sein – es ist nie so.

Dies ist ein gewöhnlicher hypnotischer Zustand. Wenn du also willst, kannst du es versuchen, hm?

aus: For Madmen Only

Wiederhole nicht das alte Muster

Ich bin verliebt und dieses Mal möchte ich die Liebe nicht sabotieren und ich möchte, dass du etwas dazu sagst.

Dann wiederhole nicht das alte Muster, das ist alles. Sei von Anfang an wachsam.

Ich bin mir des alten Musters nicht sehr bewusst; ein paar Dinge weiß ich...

Du weißt alles. Du weißt sehr gut, wie du deine alten Beziehungen sabotiert hast. Nimm dir vierundzwanzig Stunden Zeit und schreibe alles auf, woran du dich erinnern kannst, wie du sie sabotiert hast – in allen Einzelheiten, betrachte es unter jedem Gesichtspunkt. Und dann wiederhole es nicht. Es wird zu einer Meditation werden und es ist unwichtig, ob die Liebe bleibt oder nicht. Wenn du dabei bewusst bleiben kannst, dann ist es etwas wert.

Du weißt es genau, jeder weiß es – denn es ist unmöglich, nicht zu wissen, was du in deinen Beziehungen tust. In deinen klareren Momenten weißt du es genau. In deinen weniger klaren Momenten vergisst du es – das weiß ich. Bevor also diese weniger klaren Momente kommen, entscheide dich und behalte diese Notizen bei dir. Immer wenn etwas kommt, schau hinein.

Man sollte immer wachsamer werden und dann ist alles schön. Liebe ist unwahrscheinlich schön – aber sie kann zur Hölle werden. Notiere also zuerst all diese Dinge und dann tu sie nicht. Und du wirst dich sehr, sehr glücklich fühlen; einfach weil du in der Lage bist, sie nicht zu tun, wirst du eine gewisse Befreiung verspüren. Diese Dinge sind zwanghaft; sie sind wie eine Neurose, eine Art Verrücktheit.

Und immer, wenn zwei Menschen sich lieben, sind sie da, um glücklich zu sein: Niemand ist da, um unglücklich zu sein. Und so kommt es, dass alle mit ihrer Dummheit weitermachen. Früher oder später beginnen sie, einander unglücklich zu machen, und dann verliert alles seinen Sinn – alle Träume sind zerbrochen und immer wieder wird eine Wunde daraus.

aus: Above All Don't Wobble

Ist eine Beziehung eine Art Koan?

Hilf mir bitte zu verstehen, was in meiner Beziehung geschieht. Ich hänge so an ihr, bin voller Widerstand, dann wieder ekstatisch und dann wieder todunglücklich darin. Ich sehe keinen Weg, der über diese Widersprüche hinausgeht. Und: Ist eine Beziehung eine Art Koan?

Ja, das beste Koan, das es gibt, ist die Liebe, ist Beziehung. So wird sie hier benutzt. Eine Beziehung ist ein Puzzle ohne jeden Anhaltspunkt. Auf welche Weise auch immer du versuchst, damit zurande zu kommen, du wirst es nie schaffen. Niemand hat es jemals zustande gebracht. Es ist so beschaffen, dass es einfach verwirrend bleibt. Je mehr du versuchst, es zu entmystifizieren, umso geheimnisvoller wird es. Je mehr du versuchst, es zu verstehen, umso mehr entweicht es dir.

Es ist ein größeres Koan als jedes Koan, das Zen-Meister ihren Schülern geben, denn ihre Koans sind meditativ – man ist alleine. Wenn ich dir das Koan der Beziehung gebe, ist das viel komplizierter, denn ihr seid zwei – verschieden beschaffen, verschieden konditioniert, entgegengesetzte Pole füreinander, in verschiedene Richtungen ziehend, euch gegenseitig manipulierend, mit dem Versuch, euch gegenseitig zu besitzen, zu beherrschen… Es gibt tausendundein Problem.

Beim Meditieren besteht das einzige Problem darin, still zu sein, nicht in Gedanken befangen zu sein. In einer Beziehung gibt es tausendundein Problem. Wenn du ruhig bist, gibt es ein Problem. Sitze einfach ruhig neben deiner

Frau und du wirst sehen – sie wird sofort auf dich losgehen: „Warum bist du so still? Was meinst du damit?" Oder rede und du bist in Schwierigkeiten; was immer du sagst, du wirst immer missverstanden.

Keine Beziehung kann je zu einem Punkt gelangen, wo sie kein Problem darstellt. Oder wenn du manchmal eine Beziehung zu einem Punkt gelangen siehst, wo sie kein Problem mehr darstellt, dann heißt das einfach, dass sie keine Beziehung mehr ist. Die Beziehung ist verschwunden – die Kämpfer sind müde, sie haben angefangen, die Dinge so zu akzeptieren, wie sie sind. Sie sind gelangweilt. Sie wollen nicht mehr kämpfen. Sie haben es akzeptiert, sie wollen nichts daran verbessern.

Oder in der Vergangenheit haben die Menschen versucht, mit Gewalt eine Art Harmonie herzustellen. Deshalb wurden durch die Jahrhunderte hindurch Frauen unterdrückt – das war eine Art, die Dinge zu klären. Zwinge einfach die Frau, dem Mann zu folgen, dann gibt es kein Problem. Aber es ist auch keine Beziehung. Wenn die Frau keine unabhängige Person mehr ist, dann verschwindet das Problem. Aber die Frau ist auch verschwunden. Dann ist sie einfach ein Ding, das benutzt wird; dann ist da keine Freude und der Mann fängt an, nach einer anderen Frau Ausschau zu halten.

Wenn du je eine glückliche Ehe triffst, dann trau nicht dem, was du an der Oberfläche siehst. Geh' nur ein bisschen tiefer und du wirst überrascht sein.

Ich habe Folgendes über eine glückliche Ehe gehört...

Ein hinterwäldlerischer Bauer beschloss, dass es an der Zeit sei, zu heiraten, also sattelte er sein Maultier und machte sich in die Stadt auf, um eine Frau zu finden. Schließlich fand er eine Frau und sie heirateten. Also kletterten sie beide auf den Maulesel und begannen den Weg zurück zum Bauernhof. Nach einer Weile scheute der Maulesel und weigerte sich weiterzugehen. Der Bauer stieg ab, suchte einen dicken Stock und schlug auf das Maultier ein, bis es sich wieder in Bewegung setzte. „Das ist das erste Mal", sagte der Bauer.

Nach einigen Kilometern scheute das Maultier wieder und der ganze Vorgang wiederholte sich. Nach dem Prügeln, als das Maultier wieder weiterging, sagte der Bauer: „Das ist das zweite Mal."

Einige Kilometer weiter scheute das Maultier zum dritten Mal. Der Bauer stieg ab, hob sein Weib herab und dann zog er eine Pistole und schoss dem Maultier ins Auge, wodurch es sofort getötet wurde.

„Was für eine Dummheit hast du da gemacht!", schrie die Frau. „Das war ein wertvolles Tier und nur weil es dich ärgerte, hast du es getötet! Das war dumm, verbrecherisch...", und in dieser Art fuhr sie einige Zeit fort. Als sie innehielt, um Atem zu schöpfen, sagte der Bauer: „Das ist das erste Mal."

Und es wird gesagt, dass sie danach für immer und ewig in glücklicher Ehe lebten.

Das ist eine Art, die Dinge zu lösen, so wurde es in der Vergangenheit gemacht. In der Zukunft wird man das Umgekehrte versuchen – der Ehemann muss der Frau folgen. Aber das ist das Gleiche.

Eine Beziehung ist ein Koan. Und ehe du nicht etwas Grundlegenderes über dich selbst herausgefunden hast, kannst du es nicht lösen. Das Problem der Liebe kann nur gelöst werden, wenn das Problem der Meditation gelöst worden ist, vorher nicht. Tatsächlich sind es zwei nicht meditative Menschen, die das Problem schaffen. Zwei Menschen, die verwirrt sind, die nicht wissen, wer sie sind – natürlich vervielfachen sie gegenseitig ihre Verwirrung, sie vergrößern sie.

Bevor Meditation nicht erreicht ist, bleibt Liebe Elend. Wenn du einmal gelernt hast, alleine zu leben, wenn du einmal gelernt hast, einfach deine Existenz zu genießen, ohne jeden Grund, dann gibt es eine Möglichkeit, das zweite, kompliziertere Problem zu lösen: das von zwei Menschen, die zusammen sind. Nur zwei Meditierende können in Liebe leben – und dann ist Liebe kein Koan. Aber dann ist es auch keine Beziehung in dem Sinn, in dem ihr sie versteht. Es ist einfach ein Zustand von Liebe, nicht ein Zustand von Beziehung.

Ich verstehe also deine Schwierigkeit. Aber ich sage den Leuten, sich auf diese Schwierigkeiten einzulassen. Denn diese Schwierigkeiten machen dir das grundlegende Problem bewusst, dass du nämlich tief in deinem Wesen ein Rätsel bist. Und der andere ist lediglich ein Spiegel. Es ist schwierig, deine eigenen Probleme direkt zu sehen, es ist sehr leicht, sie in einer Beziehung zu sehen: Ein Spiegel steht zur Verfügung, du kannst dein Gesicht im Spiegel sehen und der andere kann sein Gesicht in deinem Spiegel sehen. Und beide sind wütend, weil beide hässliche Gesichter sehen. Und natürlich schreien sich beide gegenseitig an, weil ihre natürliche Logik lautet: „Das bist du, dieser Spiegel, der mich so hässlich aussehen lässt. Ansonsten bin ich so eine schöne Person."

Das ist das Problem, das Liebende immer wieder zu lösen versuchen und doch nicht lösen können. Was sie immer wieder sagen, ist Folgendes: „Ich bin ein so schöner Mensch, aber du lässt mich so hässlich aussehen."

Niemand macht dich hässlich – du bist hässlich. Tut mir leid, aber so ist es. Sei dem anderen dankbar, sei voll Dank für den anderen, denn er hilft dir, dein Gesicht zu sehen. Sei nicht wütend.

Und geh tiefer in dich selbst, geh tiefer in Meditation. Aber was geschieht, ist, dass jemand, sobald er sich verliebt, Meditation total vergisst. Ich schaue euch an – wann immer ich sehe, dass einige Personen fehlen, weiß ich, was mit ihnen geschehen ist. Liebe ist ihnen passiert. Jetzt glauben sie nicht, dass sie hier gebraucht werden. Sie kommen erst, wenn es Schwierigkeiten in der Liebe gibt und es ihnen unmöglich ist, sie zu lösen. Dann kommen sie und sagen: „Was soll ich tun?"

Wenn du verliebt bist, vergiss Meditation nicht. Liebe wird nichts lösen. Liebe wird dir nur zeigen, wer du bist, wo du bist. Und es ist gut, dass die Liebe dich wach macht – wach für die ganze Verwirrung und das Chaos in dir. Jetzt ist die Zeit zu meditieren. Wenn Liebe und Meditation zusammenkommen, hast du beide Flügel, bist du im Gleichgewicht.

Und das Umgekehrte geschieht ebenfalls. Wann immer ein Mensch anfängt, tiefer zu meditieren, fängt er an, Liebe zu vermeiden, denn er denkt, wenn er in die Liebe hineingeht, wird seine Meditation gestört. Das ist ebenfalls falsch. Die Meditation wird nicht gestört, die Meditation wird unterstützt. Warum wird sie unterstützt? Weil die Liebe dir immer wieder zeigen wird, wo es noch Probleme gibt, wo sie sind. Ohne Liebe wirst du deine Probleme vergessen.

Aber sie zu vergessen, heißt nicht, dass du sie gelöst hast. Wenn es keinen Spiegel gibt, heißt das nicht, dass du kein Gesicht hast.

Liebe und Meditation sollten Hand in Hand gehen. Das ist eine der wesentlichsten Botschaften, die ich mit euch teilen möchte: Liebe und Meditation sollten Hand in Hand gehen. Liebe und meditiere, meditiere und liebe – und nach und nach siehst du eine neue Harmonie in dir aufsteigen. Nur diese Harmonie wird dich zufrieden machen.

aus: Take It Easy

Liebe ist ein Geheimnis – kein Problem

Ich habe mich in dich verliebt. Warum?

Es tut mir leid, deine Frage kann nicht beantwortet werden. Dies ist die einzige Frage, die nicht beantwortet werden kann, daher ihre Schönheit. Immer wenn du einer Frage begegnest, auf die es keine Antwort gibt, bist du Gott sehr nahe.

Liebe ist ein Geheimnis, kein Problem. Sie kann gelebt werden, aber sie kann nicht gelöst werden. In der Tat ist es gar keine Frage, deshalb kann die Frage nicht beantwortet werden. Du kannst eine Frage daraus machen, aber deine Frage bleibt lediglich eine linguistische Formulierung von etwas, das nie zu einer Frage reduziert werden kann.

Liebe hat kein Motiv. Liebe ist einfach. Liebe ist absurd, ohne Ziel, ohne Zweck und deshalb ist sie so schön. Sie ist keine Ware, sie ist kein Ding dieser Welt. Sie ist etwas aus dem Jenseits; sie ist ein Besucher aus dem Jenseits, deshalb können wir keinen Grund dafür finden.

Wenn du irgendeinen Grund für deine Liebe finden kannst, dann ist es nicht Liebe; dann muss es etwas anderes sein. Wenn du antworten kannst, warum, dann bedeutet das einfach, dass es etwas anderes war, nicht Liebe.

Liebe ist der Grund für alles, daher kann Liebe selbst keinen Grund haben. Liebe ist der Endzweck von allem; alles andere dient der Liebe, daher kann Liebe nicht ein Mittel zu etwas anderem sein. Sie ist der höchste Wert.

Aber die Frage steigt auf, weil der Verstand nur Fragen kreieren kann. Er kann nichts akzeptieren, was ein

Geheimnis ist. Das Geheimnisvolle erzeugt Angst, weil der Kopf es nicht manipulieren kann. Der Verstand beginnt tausendundeine Frage aufzuwerfen und er fühlt sich nicht wohl, bis diese Fragen beantwortet sind. Wenn diese Fragen nicht beantwortet werden, dann hat der Verstand die Tendenz, das gesamte Phänomen zu leugnen. Dann sagt er: „Wenn man das ‚Warum' nicht wissen kann, dann existiert Liebe nicht." Der Verstand glaubt nur an das, was er manipulieren kann. Deshalb muss er Gott ständig leugnen – weil Gott nichts anderes ist als die Essenz der Liebe selbst. Und der Verstand leugnet weiterhin die Liebe und der Verstand leugnet weiterhin die Schönheit und der Verstand leugnet schlechthin alles, was ein Geheimnis ist. Entweder muss der Kopf es zu Wissen reduzieren und wenn er sich unfähig fühlt, es zu Wissen zu reduzieren, fängt er an, es zu leugnen: Es gibt keinen Gott, es gibt keine Liebe, es gibt nichts Geheimnisvolles.

Das Geheimnisvolle ist beängstigend, weil das Geheimnisvolle unermesslich weit ist; und der Verstand fühlt sich im Geheimnisvollen verloren.

Deshalb wird in fast jeder Sprache der Ausdruck „in Liebe fallen" gebraucht. Dies ist eine Verurteilung durch den Verstand. Der Verstand sagt: „Du fällst. Du gehst auf eine Ebene unter dir. Du bewegst dich in etwas hinein, was nicht wahr ist – weil es nicht in klaren Begriffen formuliert werden kann. Du fällst in etwas Vages, etwas Nebelhaftes; du wirst zum Chaos. Vermeide es."

Der Verstand sagt immer: „Vermeide die Liebe." Und deshalb findest du so wenig Liebe in der Welt – weil die Welt voll von Verstand ist. Wir lehren den Verstand. Von frühester Kindheit an, vom Kindergarten bis zur Universität lehren wir den Verstand und vermeiden das Herz. Wir haben auf diese Art und Weise gelernt, das Herz vollständig zu umgehen, denn das Herz ist das Tor zum Geheimnisvollen, wo die „Warums" nicht beantwortet werden können.

Und wenn ein Mensch das Herz vermieden hat, hat er alle Freuden des Lebens vermieden. Er hat seinen eigenen innersten Kern vermieden, sein Innerstes. Er hat seine Subjektivität vermieden. Er hat die größte Erfahrung vermieden, die das Leben ermöglicht: die Erfahrung der Liebe.

Bitte, lass das „Warum" fallen. Wenn du dich verliebt hast, dann gehe immer tiefer hinein. Es ist kein Ende abzusehen, es ist ein bodenloser Abgrund – je tiefer du gehst, desto fähiger wirst du, tiefer zu gehen. Und je tiefer du in den Abgrund eingedrungen bist, desto tiefere Mysterien offenbaren sich. Dann ist das Leben Dichtung, nicht Prosa. Dann ist das Leben nicht ein Geräusch, sondern eine Melodie. Dann ist das Leben nicht Materie, sondern Gott.

Aber nach und nach verschwindet jedes „Warum", jedes „Wie". Du lebst in der Ist-heit des Augenblicks. Dein Leben wird eine ungeheure Präsenz haben, aber keine Antworten. Du *weißt*, was Leben ist, aber du hast keinerlei Wissen. Zu *wissen* ist eine Sache, „Wissen" zu haben eine andere.

Liebe ist etwas, das erfahren werden kann – zu wissen ist möglich, aber Wissen ist nicht möglich. Liebe kann nicht in Worten mitgeteilt werden. Sie bleibt ein solch tief empfundener Geschmack in dir, dass du sie nicht in irgendeine verbale Mitteilung umsetzen kannst. Wenn dich jemand nach dem „Warum" fragt, kannst du nicht antworten.

Aber du kannst fragen. Es gibt so viele Liebende hier; jeder meiner Sannyasins ist ein Liebender. Es ist nicht die Beziehung zwischen einem Lehrer und einem Studenten, es ist eine Liebesbeziehung zwischen einem Meister und einem Schüler. Ich nenne es „the mad game" („das verrückte Spiel"). M steht für „Master" („Meister"), und D steht für „Disciple" („Schüler"): „the Master and Disciple game" (das „Meister-und-Schüler-Spiel"). Es ist ein verrücktes Spiel, total verrückt!

Frage meine verrückten Leute. Du kannst Vivek fragen – zwei Leben lang ist sie schon verliebt. Dies ist das zweite Leben, das sie mit mir verbringt. Frage sie „Warum?" und es wird ihr unmöglich sein zu antworten. Sie kann weinen oder sie kann lachen oder sie kann tanzen, aber sie kann das „Warum" nicht beantworten, weil kein „Warum" da ist.

Liebe geschieht einfach, sie ist ein „Geschehen". Wenn du sie *machst*, kannst du das „Warum" beantworten; aber du bist nicht der Macher. Du bist nur ein Gastgeber für etwas aus dem Jenseits. Ein Gast kommt aus dem Jenseits und klopft an deine Tür: Wie kannst du da sagen, warum? Du hast ihn vorher nicht gekannt und selbst wenn du ihn jetzt kennen lernst, ist es so überwältigend, dass alle Worte unzureichend sind. Tränen können vielleicht etwas sagen oder ein Tanz oder ein Gesang oder eine Umarmung, aber Worte sind sehr unzureichend.

Worte sind für das weltliche Leben auf dem Marktplatz bestimmt. Du kannst sie nicht für die Liebe gebrauchen und du kannst sie nicht für das Gebet gebrauchen, wann immer und wo immer du das Unbekannte spürst, kannst du sie nicht gebrauchen.

Wenn du an die Grenze zwischen Bekanntem und Unbekanntem kommst, fallen die Worte von dir ab, wie tote Blätter vom Baum fallen, und eine völlig neue Erfahrung geschieht – eine wortlose Erfahrung.

Du stellst diese Frage, weil du dich ein wenig ängstlich fühlen musst. Es ist beängstigend, weil du in der Liebe keine Kontrolle mehr hast. Es ist beängstigend, weil in der Liebe das Ego verschwindet. Es ist beängstigend, weil du sterben musst. Liebe fordert ein solches Opfer, aber sie ist es wert, denn der Tod bringt die Auferstehung.

Stirb in der Liebe und du wirst als Liebe geboren; du wirst niemals mehr derselbe sein und die Welt wird völlig anders sein. Diese gleiche Welt wird so voller Gott sein, wenn du voller Liebe bist.

Ich lehre Liebe, Liebe ist meine Botschaft. Aber die Art, sie zu lehren ist, nicht darüber zu reden. Ich existiere hier als Liebe und das wird zum Katalysator, etwas wird in dir ausgelöst und etwas beginnt in dir zu wachsen; du wirst schwanger. Und wenn eine Frau das erste Mal schwanger ist, hat sie große Angst, sie spürt viele Schmerzen und Nöte und die Last. Und es geschieht etwas, das so neu ist; sie weiß nicht, wo das hinführt und was geschehen wird. Ein neues Leben wird geboren.

In der Liebe wirst du schwanger. Ein neuer Geist wird geboren und am Anfang ist es schwer. Am Anfang ist es so neu, dass du gerne davor fliehen möchtest. Aber fliehe niemals vor der Liebe, denn Liebe ist der Tempel Gottes. Wenn es geschieht, lass es geschehen, hilf mit, dass es geschieht. Selbst wenn du sterben und in ihr verschwinden musst, stirb und verschwinde. Nimm die Herausforderung an, stell dich der Herausforderung. Und zum ersten Mal wirst du etwas Wertvolles in deinem Leben haben, etwas vom Duft des Göttlichen.

Aber ich kann nicht darauf antworten, warum du dich verliebt hast. Ich bin in die Existenz verliebt. Ich bin im Zustand der Liebe. Das muss bei dir irgendein ähnliches Phänomen hervorgerufen haben. Das muss nicht so etwas sein, wie Ursache und Wirkung, sondern das, was C.G.Jung „das Gesetz der Synchronizität" genannt hat.

Man sagt, wenn du in einem kleinen Raum auf einer Sitar spielst und eine andere Sitar einfach in eine Ecke des Raumes stellst, dann beginnt diese Sitar zu antworten, wenn du auf der einen Sitar spielst. Sie vibriert, ihre Saiten beginnen zu tanzen.

Du spielst auf einer Sitar, du berührst die andere nicht einmal, aber durch dein Spiel auf der Sitar bewegt sich etwas in der anderen Sitar. Es ist keine Beziehung von Ursache und Wirkung, es ist Gleichzeitigkeit.

Ich bin verliebt. Wenn du mir nahe kommst, fängt etwas in deinem Herzen zu tanzen an. Lass es zu. Deine Gesellschaft ist dagegen, deine Erziehung ist dagegen, dein ganzes Leben ist bis jetzt dagegen gewesen. Es wird schwierig sein, die ersten Schritte zu tun, aber diese Schritte müssen getan werden. Sonst verpasst du den Glanz und den Reichtum der Existenz.

Schätze enthüllen sich nur dem Liebenden. Ein wirklicher Schüler ist verliebt.

Anstatt nach dem „Warum" zu fragen, mach einen Sprung. Trage meine Farbe, werde Teil dieser wachsenden Kommune. Werde Teil dieser Flutwelle und es wird leicht für dich sein, zu Gott zu gelangen. Alleine ist es schwierig. Wenn viele in die gleiche Richtung gehen, wird es leicht – sie unterstützen sich gegenseitig.

Sannyas ist nichts anderes als der Versuch, eine Mysterienschule zu schaffen, wo die Menschen sich auf ihrem Weg unterstützen können. Die Reise ist beschwerlich und lang, das Ziel ist weit entfernt, und es gibt tausenderlei Fallen und Gefahren auf dem Weg. Und jeden Augenblick kannst du dich verirren. Und je höher du gehst, desto schwieriger wird es. Sogar das Atmen wird schwierig. Und je höher du kommst, desto größer ist die Gefahr herunterzufallen. Aber wenn viele in Bewegung sind, können sie sich gegenseitig halten, sie können sich gegenseitig unterstützen.

Du hast dich in mich verliebt. Anstatt zu fragen, warum, gehe tiefer hinein. Erfahre die Tiefen der Liebe – sie werden dir zwar deine Fragen nicht beantworten, aber sie werden deine Frage auflösen. Diese Erfahrung wird nicht zum Wissen werden, sondern diese Erfahrung wird dich unschuldiger machen. Wirkliche Erfahrungen machen dich immer eher unschuldig als klüger. Probleme werden hier nicht gelöst sondern aufgelöst.

aus: Philosophia Perennis

Die Frau – die andere Hälfte?

Betrachte niemals die Frau als „die andere Hälfte“, sie ist es genauso wenig, wie du es bist. Du bist ganz, sie ist ganz. Sie ist ein Individuum, und du bist ein Individuum. Du bist vollständig, und sie ist vollständig.

Diese alte Einstellung, dass die Frau die andere Hälfte sei, hat sich als großes Unheil herausgestellt. In dem Moment, in dem du anfängst, Besitz zu ergreifen – es ist eine Art von Besitzen –, in dem Moment, in dem du anfängst, die Individualität des anderen zu zerstören, zerstörst du etwas von großem Wert. Das ist unkreativ. Betrachte niemals die Frau als die andere Hälfte – sie ist es nicht!

Zwei Liebende sind wie zwei Säulen eines Tempels. So drückt es Kahlil Gibran aus. Sie unterstützen dasselbe Dach, aber sie stehen getrennt, sie sind nicht zusammen. Wenn die zwei Säulen des Tempels sehr nahe zusammenkämen, würde der Tempel zusammenfallen, das Dach hätte gar keinen Halt. Schaut diese Pfeiler im Chuang-Tzu-Auditorium an – sie stehen getrennt voneinander – sie unterstützen dasselbe Dach. So sollten Liebende sein, jeder individuell für sich und dennoch etwas Gemeinsames unterstützend.

Weder ist die Frau die Hälfte des Ehemanns, noch ist der Ehemann die Hälfte der Ehefrau.

Weder gibt sich der Mann der Frau hin, noch gibt sich die Frau dem Mann hin – sie geben sich beide dem Gott der Liebe hin. Erinnere dich daran – andersherum hat es sich wirklich als lähmend erwiesen. Sicher hat der Mann nicht viel gelitten, weil es eine Männeridee ist, dass die Frau „die andere Hälfte" sei. Er denkt nicht daran, dass er selbst auch die andere Hälfte ist, nein. Es ist die Idee des Mannes, dass die Frau die andere Hälfte ist. Der Mann bleibt ganz; die Frau wird zur anderen Hälfte.

Darum muss die Frau nach der Hochzeit den Namen des Mannes annehmen, nicht der Mann den der Frau. Sie verschwindet, sie ist zerstört. Sie ist nicht mehr eine Frau, sie ist eine Ehefrau. Die Ehefrau ist eine Einrichtung. Der Mann bleibt weiterhin der Mann, der er vorher war. Zum Mann kommt etwas dazu, aber der Frau ist etwas weggenommen worden – das ist hässlich.

Vor kurzem habe ich ein wunderschönes Gedicht von einer Frau gelesen:

Sprich mir nicht von deiner Liebe
(sagt sie zu ihrem Geliebten),
sprich mir nicht von deiner Liebe.
Ich kenn' sie nur zu gut.
Ich habe sie in deinen Blicken gespürt, im Schlag der Peitsche
und schlimmer noch von deiner Zunge.

Sprich mir nicht von deiner Liebe,
sie ist so flüssig, dass sie mich und meine Liebe ertränkt hat,
in ihrer brennenden Intensität.
Nur wenig von mir ist noch unverletzt.
Die Hitze deiner Liebe hat fast alles verzehrt.
Die Sicherheit deiner Liebe hat mich vaterlos zurückgelassen.
Das Geschenk deiner Liebe hat mich zum Bastard gestempelt.
Die Bezeugungen deiner Liebe haben mich eingekerkert.
Der Gesang deiner Liebe hat mir die Stimme genommen.

Ich werde nicht mehr singen.
Ich bin nicht mehr.
Du hast mich bis zur Unkenntlichkeit geliebt.

Lasst mich wiederholen:

Du hast mich bis zur Unkenntlichkeit geliebt.

Dann hat sich die Liebe kaum als Liebe erwiesen. Sie ist eine subtile Art des Beherrschens. Und wenn Herrschaft da ist, verschwindet die Liebe. Wenn Besitz da ist, verschwindet die Liebe.

Bitte besitze eine Frau nicht und besitze einen Mann nicht. Besitzen, Besitzergreifen ist nicht Liebe. Erinnere dich daran, die Frau muss als heiles Individuum erhalten bleiben. Man darf ihre Freiheit nicht zerstören; ihre Freiheit muss respektiert werden – was auch immer es bedeutet. Das ist die Sichtweise des Tantra: Was auch immer es bedeuten mag – bedingungslos – ihre Freiheit muss erhalten bleiben. Wenn du sie wirklich liebst, dann liebst du auch ihre Freiheit, und sie wird deine Freiheit lieben.

Wenn du eine Person liebst, wie kannst du dann ihre Freiheit zerstören? Wenn du einer Person vertraust, vertraust du auch ihrer Freiheit.

Eines Tages kam ein Mann zu mir, der wirklich durcheinander war, er war sehr unglücklich. Und er sagte: „Ich werde Selbstmord begehen." Ich sagte: „Warum?"

Er sagte: „Ich habe meiner Frau vertraut, und sie hat mich betrogen. Ich habe ihr völlig vertraut, und sie hat einen anderen Mann geliebt. Und ich habe bis jetzt nichts davon gewusst. Ich habe ein paar Briefe gefunden. Also habe ich sie gefragt und darauf bestanden und jetzt hat sie gebeichtet, dass sie die ganze Zeit einen anderen geliebt hat. Ich begehe Selbstmord."

Ich sagte: „Du sagtest, du hast ihr vertraut?"

Er sagte: „Ja, ich habe ihr vertraut und sie hat mich betrogen."

Was meinst du mit Vertrauen? – eine falsche Vorstellung von Vertrauen; eine politische Vorstellung von Vertrauen.

Ich sagte: „Du hast ihr vertraut, damit sie dich nicht betrügt. Dein Vertrauen war ein Trick. Jetzt willst du, dass sie sich schuldig fühlt. Das ist kein Vertrauen."

Er war sehr verwirrt. Er sagte: „Was meinst du denn dann mit Vertrauen, wenn das kein Vertrauen ist. Ich habe ihr bedingungslos vertraut."

Ich sagte: „Wenn ich an deiner Stelle wäre, würde Vertrauen bedeuten, dass ich ihrer Freiheit vertraue, ihrer Intelligenz vertraue und ihrer Liebesfähigkeit. Wenn sie sich in einen anderen verliebt, dann vertraue ich dem auch. Sie ist intelligent, sie hat die Wahl. Sie ist frei, sie kann lieben. Ich vertraue ihrem Verständnis."

Was meinst du mit Vertrauen? Wenn du ihrer Intelligenz vertraust, ihrem Verständnis, ihrer Bewusstheit, dann vertraust du. Und wenn sie meint, sie möchte jemand anderen lieben, ist es absolut in Ordnung. Sogar wenn es weh tut, ist das dein Problem, es ist nicht ihr Problem. Und wenn du Schmerz fühlst, ist es nicht aus Liebe, sondern aus Eifersucht.

Was für eine Art von Vertrauen ist das, wenn du sagen kannst, es ist betrogen worden? Mein Verständnis von

Vertrauen ist, dass es nicht betrogen werden kann. Seiner wahren Natur nach, rein von der Definition her, kann Vertrauen nicht betrogen werden. Es ist unmöglich, Vertrauen zu betrügen. Wenn Vertrauen betrogen werden kann, dann ist es kein Vertrauen. Denke darüber nach.

Wenn ich eine Frau liebe, vertraue ich ihrer Intelligenz grenzenlos. Und wenn sie in manchen Momenten liebevoll zu jemand anderem sein möchte, ist es absolut in Ordnung. Ich habe ihrer Intelligenz immer vertraut. Es muss ihr danach zumute sein. Sie ist frei. Sie ist nicht meine andere Hälfte, sie ist unabhängig. Und nur wenn zwei Personen unabhängige Individuen sind, dann ist Liebe da. Liebe kann nur zwischen zwei Freiheiten fließen.

aus: Die Tantrische Vision

Die innere und die äußere Frau

Wie kann ich die Hilfe der Frau außen nutzen, um mich mit der Frau in mir zu vereinigen?

Denk nicht über das „Wie“ nach. Wenn Liebe da ist, wird es geschehen. Und Liebe ist nicht ein „Wie“, Liebe ist kein Know-how. Liebe einfach ohne irgendeinen Grund. Liebe einfach mit Verehrung, mit Ehrfurcht. Liebe einfach und sieh in dem anderen nicht den Körper, sondern die Seele, sieh in dem anderen nicht die Person – *Mind*, sondern sein Wesen *No-Mind*. Wenn du das Wesen *No-Mind* deiner Frau sehen kannst, wirst du deine innere Frau sehr leicht finden können. Dann ist die äußere Frau nur ein Medium – durch die äußere Frau, über die äußere Frau, wirst du auf deine innere Frau zurückgeworfen.

Aber wenn die andere Frau außen nur ein Körper ist, dann bist du blockiert. Wenn die andere Frau nur eine Seele ist, eine Leere, nur ein Nichts, nur ein Durchgang – dann ist da nichts, das dich blockiert; deine Energie wird sich zurückbewegen und eintreten und deine eigene innere Frau finden.

Jede Frau und jeder Mann kann von außen helfen, die innere Frau und den inneren Mann zu finden. Aber es ist kein „Wie“ dabei. Ehrfurcht ist nötig. Wenn du denkst, wenn du meditierst – sieh die Göttlichkeit des anderen. Der andere ist göttlich. Lass diese Haltung vorherrschend sein. Sei von diesem Klima umgeben. Und es wird geschehen, es ist schon unterwegs.

aus: Die Tantrische Vision

Liebe ist keine kurzlebige Blume

Vertrautheit mit einer Frau oder mit einem Mann ist besser, als viele oberflächliche Beziehungen zu haben. Liebe ist keine kurzlebige Blume; sie braucht Jahre zum Wachsen. Und nur wenn sie wächst, geht sie über das Biologische hinaus und beginnt etwas von Spiritualität zu haben.

Nur mit vielen Frauen oder vielen Männern zu sein, lässt dich oberflächlich bleiben – vielleicht ist es unterhaltend, aber oberflächlich, es hält dich sicher beschäftigt, aber Beschäftigung verhilft nicht zu innerem Wachstum. Aber eine Beziehung mit nur einem Menschen, eine fortlaufende Beziehung, sodass ihr einander mehr und mehr versteht, ist außerordentlich hilfreich.

Warum ist das so? Und woher kommt das Bedürfnis, die Frau oder den Mann zu verstehen? Das Bedürfnis ist da, weil jeder Mann einen weiblichen Teil in seinem Wesen hat und jede Frau einen männlichen Teil in ihrem Wesen hat. Der einzige Weg, dies zu verstehen, der leichteste Weg, das zu verstehen, der natürlichste Weg, das zu verstehen, ist, in einer tiefen, vertrauten Beziehung mit jemandem zu sein... Lasst das Vertrauen wachsen, sodass sich alle Schranken auflösen. Kommt einander so nahe, dass ihr tief sehen könnt...

Wenn du viele Beziehungen hast, wirst du nicht fähig sein, tief in die Psyche des anderen einzutauchen. Und das ist das Einzige, was nötig ist, um dein eigenes Inneres kennen zu lernen. Die Beziehung wird zum Spiegel. Die Frau sieht in den Mann hinein und beginnt, ihre eigene Männlichkeit zu entdecken; der Mann sieht in die Frau hinein und beginnt, seine eigene Weiblichkeit zu entdecken. Und je bewusster dir dieser andere Teil deiner selbst, der andere Pol wird, desto vollständiger wirst du, du wirst *ganz*. Wenn dein innerer Mann und deine innere Frau in Einklang sind, sich ineinander aufgelöst haben, wenn sie nicht länger getrennt sind, wenn sie ein vollständiges Ganzes geworden sind, bist du ein Individuum geworden.

Carl Gustav Jung nennt es den Individuationsprozess. Er hat Recht – er hat das rechte Wort dafür gewählt...

Das Spielen mit vielen Menschen wird dich oberflächlich halten, unterhalten, beschäftigen, aber nicht wachsen lassen. Und das Einzige, was letztlich von Bedeutung ist, ist Wachstum: Wachsen an Vollständigkeit, Individualität; das Wachstum einer Mitte in dir. Und für dieses Wachstum ist es nötig, dass du deinen anderen Teil kennst.

aus: The Book Of The Books

Liebe fühlt sich niemals erfüllt an

Jeder Liebende spürt, dass etwas fehlt, weil die Liebe unvollendet ist. Sie ist ein Geschehen, kein Ding. Jeder Liebende muss einfach spüren, dass etwas fehlt – aber interpretiere das nicht falsch. Es zeigt einfach, dass die Liebe in sich selber dynamisch ist.

Sie ist so wie ein Fluss, immer in Bewegung, immer in Bewegung. In dieser Bewegung liegt das Leben des Flusses. Sobald er einmal anhält, wird er etwas Stagnierendes; dann ist er kein Fluss mehr. Schon das Wort Fluss weist auf ein Geschehen hin, schon der Klang davon gibt dir das Gefühl von Bewegung.

Die Liebe ist ein Fluss, sie ist kein Ding, keine Ware. Denke also nicht, dass etwas fehlt; es ist ein Teil der Liebe als Prozess. Und es ist gut, dass sie nicht vollendet ist. Wenn etwas fehlt, musst du etwas tun. Das ist ein Ruf von immer höheren Gipfeln. Es ist nicht so, dass du dich erfüllt fühlen wirst, wenn du sie erreicht hast... Liebe fühlt sich niemals erfüllt an. Sie kennt keine Erfüllung, aber das ist wunderschön, weil sie dann immer lebendig bleibt.

Und du wirst immer spüren, dass etwas nicht im Gleichklang ist. Auch das ist natürlich, denn wenn zwei Personen sich begegnen, dann begegnen sich zwei verschiedene Welten. Zu erwarten, dass sie perfekt zueinander passen, heißt zu viel erwarten, heißt, das Unmögliche erwarten, und das erzeugt Frustration. Irgendetwas wird immer nicht stimmen. Wenn ihr vollständig zusammenpasst und keine Unstimmigkeit da ist, wird die Beziehung stagnieren.

Höchstenfalls gibt es wenige Momente, seltene Momente, wo alles im Gleichklang ist. Selbst wenn sie kommen, kannst du sie vielleicht nicht erwischen – sie sind so flüchtig, so selten. Kaum sind sie da, sind sie auch schon wieder fort – nur ein Hauch. Und dieser Hauch wird dich noch mehr frustrieren, weil du dann immer mehr siehst, dass etwas nicht stimmt.

So muss es sein. Unternimm alle Anstrengungen, diesen Gleichklang zu erreichen, aber sei immer darauf vorbereitet, dass er nicht perfekt gelingt. Und mach dir keine Sorgen darum, sonst wirst du immer mehr aus dem Takt geraten. Es kommt nur, wenn du dir keine Sorgen darum machst. Es geschieht nur, wenn du nicht angespannt bist, wenn du es nicht einmal erwartest – einfach aus dem Blauen. Es ist eine Gnade – ein Geschenk Gottes.

Liebe ist nicht etwas, was du tun kannst. Aber indem du andere Dinge tust, geschieht Liebe. Es gibt kleine Dinge, die du tun kannst – zusammensitzen, den Mond anschauen, Musik hören – nichts, was direkt mit Liebe zu tun hat.

Liebe ist sehr zart, zerbrechlich. Wenn du sie anschaust, sie direkt anstarrst, wird sie verschwinden. Sie kommt nur, wenn du nicht aufpasst, wenn du etwas anderes tust. Du kannst nicht direkt auf sie zufliegen – wie ein Pfeil. Liebe ist keine Zielscheibe. Sie ist ein sehr subtiles Phänomen…, sie ist sehr scheu. Wenn du direkt darauf zugehst, wird sie sich verstecken. Wenn du direkt darauf zugehst, wirst du sie verpassen.

Die Welt benimmt sich der Liebe gegenüber sehr dumm. Man will sie sofort haben. Man will sie wie Instant-Kaffee – immer, wenn du sie möchtest, bestelle und sie ist da. Liebe ist eine delikate Kunst; sie ist nicht wirklich etwas, was du tun kannst.

Manchmal kommen diese raren, glückseligen Augenblicke... dann steigt etwas aus dem Unbekannten herab. Du bist nicht länger auf der Erde, du bist im Paradies. Wenn du mit deinem Geliebten ein Buch liest und ihr geht beide völlig darin auf, stellst du plötzlich fest, dass eine andere Art des Seins um euch entstanden ist; etwas umgibt euch wie eine Aura und alles ist friedlich. Aber ihr habt nichts direkt getan. Ihr habt nur ein Buch gelesen oder einen langen Spaziergang gemacht, Hand in Hand gegen den starken Wind – auf einmal ist es da. Es erwischt euch immer unbemerkt. Lernt also, Dinge gemeinsam zu tun.

Ich habe so viele Menschen beobachtet, Tausende von Paaren. Die Menschen haben die Sprache des Miteinander-Tuns, oder nichts zu tun, einfach nur zusammen zu sein, einfach nur zu sein, völlig vergessen. Die Menschen haben das vergessen. Wenn sie nichts zu tun haben, dann gehen sie miteinander ins Bett. Dann geschieht nichts und nach und nach sind sie von der Liebe selbst frustriert und dann verliert das ganze Leben seine Bedeutung, denn wenn die Liebe ihre Bedeutung verliert, verliert das Leben seine Bedeutung.

Mann und Frau sind verschieden – nicht nur verschieden, sie sind entgegengesetzt, sie können nicht zusammenpassen. Und das ist das Schöne – wenn sie zusammenpassen, ist es ein Wunder, ein magischer Augenblick. Ansonsten sind sie im Konflikt und kämpfen. Das ist natürlich und kann verstanden werden, weil sie einen unterschiedlichen Verstand haben. Ihre Betrachtungsweise ist polar entgegengesetzt. Sie können in nichts übereinstimmen, denn ihre Art ist unterschiedlich, ihre Logik ist unterschiedlich.

In tiefem Gleichklang, in tiefer Harmonie zusammenzupassen ist beinahe wie ein Wunder. Es ist wie ein Kohinoor-Diamant, und man sollte nicht jeden Tag danach verlangen. Man sollte nicht danach als Teil des Alltags verlangen. Man sollte darauf warten. Manchmal vergehen Monate, Jahre und dann ist es plötzlich da. Und es kommt immer aus dem Blauen heraus, ohne Ursache, hm?

Kannst du mir folgen? Sorge dich nicht – es sorgt für sich selbst. Und suche nicht nach der Liebe, sonst wirst du sie völlig verfehlen.

aus: Above All Don't Wobble

Zuerst Erregung, dann Liebe, dann Freude ...

Ich spüre, dass die Freude aus meiner Beziehung verschwunden ist. Liebe ist da, aber die Freude, der Spaß ist verschwunden. Was kann ich tun?

Da muss dir ein Missverständnis unterlaufen sein. Die Freude ist nicht verschwunden, die Freude ist niemals dagewesen – es war etwas anderes. Es ist die Aufregung, die verschwunden ist, aber du hast gedacht, dass die Aufregung Freude sei. Die Freude wird jetzt kommen; wenn die Aufregung nachlässt, nur dann kommt die Freude. Freude ist ein sehr stilles Phänomen. Sie hat nichts mit Aufregung zu tun, sie ist überhaupt nicht fiebrig. Sie ist ruhig, still und kühl.

Aber im Westen ist dieses Missverständnis vorherrschend geworden. Die Menschen denken, dass Aufregung Freude sei. Sie ist eine Art Rausch. Man fühlt sich beschäftigt, unglaublich beschäftigt. In diesem Beschäftigtsein vergisst man seine Sorgen, Nöte, Probleme. Es ist wie mit Alkohol, du vergisst deine Probleme, du vergisst dich selbst. Zumindest für den Augenblick bist du weit von dir entfernt. Das ist die Bedeutung von Aufregung: Du bist nicht mehr innen; du bist außerhalb von dir, du bist vor dir selbst geflohen. Aber wenn du außerhalb von dir bist, wirst du früher oder später müde werden. Du vermisst die Nahrung, die aus deinem ureigenen Kern kommt.

Also kann keine Aufregung von Dauer sein, sie kann nur eine momentane Erscheinung sein, etwas Vorübergehendes.

Alle Flitterwochen enden, sie müssen zu Ende gehen, sonst würde dich das umbringen. Wenn du ständig erregt bist, wirst du wahnsinnig werden. Es muss nachlassen, du musst wieder genährt werden. Es ist einfach so, dass man nicht mehrere Nächte hindurch wach bleiben kann. Für eine Nacht, zwei Nächte, drei Nächte ist es in Ordnung, aber wenn du über zu viele Nächte hinweg wach bleibst, wirst du anfangen, dich müde zu fühlen, total müde, erschöpft. Und du wirst dich auch stumpf und tot fühlen; du wirst einfach Ruhe brauchen. Nach jeder Aufregung ist ein Bedürfnis nach Ruhe da. Beim Ausruhen sammelst du dich wieder, du erholst dich, dann kannst du dich wieder in die Aufregung begeben.

Aber Aufregung ist nicht Freude, sie ist nur eine Flucht vor dem Unglück. Versuche, dies sehr klar zu verstehen: Aufregung ist nur eine Flucht vor dem Unglücklichsein. Sie erzeugt nur eine Pseudo-Erfahrung der Freude. Weil du nicht mehr unglücklich bist, denkst du, du seist fröhlich – nicht unglücklich zu sein, wird gleichgesetzt mit sich freuen. Freude ist eine positive Erscheinung. Nicht unglücklich zu sein, ist schlichtweg Vergesslichkeit. Zu Hause wartet das Elend auf dich, immer, wenn du zurückkommst, wird es wieder da sein.

Wenn die Aufregung verschwindet, fängt man an zu denken: „Also, was soll denn jetzt diese Liebe?" Im Westen stirbt die Liebe mit der Erregung und das ist ein Elend. Tatsächlich ist die Liebe nie geboren worden. Es war nur die Liebe zur Aufregung, es war keine wirkliche Liebe. Es war nur eine Bemühung von dir selbst fortzugehen. Es war die Suche nach Sensation. Du verwendest das richtige Wort.

„Spaß"; es war einfach nur Spaß, keine Intimität. Wenn die Aufregung verschwindet und du einfach nur Liebe spürst, kann Liebe wachsen; jetzt sind die Tage des Fiebers vorüber. Das ist der wahre Anfang.

Für mich beginnt die wahre Liebe, wenn die Flitterwochen vorüber sind. Aber zu dieser Zeit denkt der westliche Verstand, dass es vorbei ist, zu Ende. „Suche eine andere Frau, suche einen anderen Mann. Wozu jetzt weitermachen? Der Spaß ist vergangen!"

Wenn du jetzt weiterliebst, dann nimmt die Liebe Tiefe an, sie wird zur Intimität. Eine große Anmut wird dabei entstehen. Sie wird etwas Subtiles haben, sie wird nicht oberflächlich sein. Sie wird kein Spaß sein, sie wird Meditation sein, sie wird Gebet sein. Sie wird dir helfen, dich selbst zu erkennen. Der andere wird zum Spiegel und durch ihn wird es dir möglich, dich selbst zu erkennen. Jetzt ist es Zeit, die richtige Zeit für die Liebe zu wachsen, denn alle Energie, die in Aufregung umgeleitet war, wird nicht mehr verschwendet, sie wird über den Wurzeln der Liebe ausgeschüttet und der Baum wird fähig, ein dichtes Blätterwerk zu haben.

Wenn du in dieser Intimität weiterwachsen kannst – die keine Erregung mehr ist – dann wird die Freude kommen: zuerst Erregung, dann Liebe, dann Freude. Freude ist das Endprodukt, die Erfüllung. Die Erregung ist nur der Anfang, ein Auslöser, sie ist nicht das Ende. Und jene, die bei der Erregung aufhören, werden niemals erfahren, was Liebe ist, werden niemals das Geheimnis der Liebe kennen lernen, werden niemals die Freude der Liebe kennen lernen. Sie kennen Sinneswahrnehmungen, Aufregung, leidenschaftliches Fieber, aber die Gnade, die die Liebe ist, werden sie nie kennen lernen. Sie werden nie erfahren, wie schön es ist, nicht mit Erregung, sondern in Stille mit einer Person zusammen zu sein, ohne Worte, ohne jede Anstrengung, ohne etwas zu tun. Einfach nur zusammen sein, einen inneren Raum miteinander teilen, das Sein miteinander teilen, ohne nachzudenken, was zu tun ist, was man sagen sollte, wo man hingehen sollte, wie man es genießen sollte; all das ist jetzt vorüber. Der Sturm ist vorbei und die Stille ist da.

Und es ist nicht so, dass ihr nicht mehr miteinander schlaft, aber es wird kein Tun mehr dabei sein, es wird Liebe sein, die geschieht.

Es wird aus Anmut geschehen, aus der Stille, aus dem Rhythmus; es wird aus deiner Tiefe kommen, es wird nicht wirklich körperlich sein. Es gibt Sex, der spirituell ist, der nichts mit dem Körper zu tun hat. Obwohl der Körper daran beteiligt ist, ist er nicht die Quelle davon. Dann und nur dann nimmt Sex die Färbung von Tantra an.

Und das ist mein Vorschlag: beobachte dich. Jetzt, wo du dem Tempel näher kommst, fliehe nicht. Gehe hinein. Vergiss die Erregung, sie ist einfach kindisch. Und etwas Wunderschönes liegt vor dir. Wenn du darauf warten kannst, wenn du Geduld hast und vertrauen kannst, wird es kommen. Und die Liebe kennen heißt, Gott kennen…

aus: Let Go

Das Ende der Leidenschaft …

Wenn die Liebe tiefer wird, werden Ehemänner und Ehefrauen zu Brüdern und Schwestern. Wenn die Liebe tiefer geht, wird die Sonnenenergie zu Mondenergie: die Hitze ist vergangen, es ist sehr kühl. Und wenn die Liebe tiefer wird, entsteht auch dieses Missverständnis, das Vielen wiederfährt…, denn wir haben uns so an das Fieber, die Leidenschaft, die Aufregung gewöhnt und jetzt sieht das alles närrisch aus. Es ist närrisch. Wenn ihr jetzt miteinander schlaft, kommt es euch albern vor; wenn ihr nicht miteinander schlaft, fühlt ihr euch, als ob etwas fehlt, aus alter Gewohnheit.

Du musst also diese Kühle verstehen, die aufkommt. Und es ist natürlich, dass Angst entsteht, wenn du anfängst, dich eins zu fühlen. Die Angst davor, was geschehen wird – denn wenn ihr zu sehr zu einer Person werdet, fangt ihr an, den anderen zu vergessen. An den anderen kann man nur als an den „anderen“ denken.

Psychologen sagen, wenn ein Kind anfängt zu lernen, dann sagt es als erstes das Wort „Papa“, und nicht „Mama“. Und das verletzt die Mutter, weil sie sich um das Kind gekümmert hat und das Kind neun Monate ausgetragen hat. Sie ist vierundzwanzig Stunden lang mit dem Kind zusammen, aber wenn das Kind seine ersten Worte äußert, ruft es „Papa“. Der Vater ist nur an der Peripherie und die Mutter ist so nah – das Kind betrügt sie!

Aber dafür gibt es einen Grund: Die Mutter ist so sehr eins mit dem Kind, dass es sie noch nicht rufen kann – das ist der Grund. Die Mutter ist so sehr eins mit dem Kind, dass es nicht das Gefühl hat, sie sei der andere. Papa wird nicht so als eins mit dem Kind empfunden; er kommt, er geht morgens ins Büro, dann ist er nicht mehr da.

Dann kommt er am Abend und spielt manchmal mit dem Kind und dann ist er wieder fort; er ist immer auf dem Sprung.

An ihn kann man als „an den anderen" denken. Manchmal ist der Vater nicht da, die Mutter aber ist immer da; das Kind vermisst sie nie. Tatsächlich ist es so, dass das Kind manchmal fortgeht – es schläft ein. Wenn es seine Augen schließt, verschwindet die Mutter, aber ansonsten ist sie da – also kann es die Mutter nicht als den „anderen" sehen.

Also zuerst wird es „Papa" sagen und dann, allmählich, wird es eines Tages das Wort lernen und „Mama" sagen. Das dritte, das es lernt, ist sein eigener Name... denn das ist für das Kind das Schwierigste.

Jetzt kann es verstehen, dass die Mutter auch getrennt ist. Manchmal ist es hungrig und sie kommt nicht aus der Küche heraus und manchmal ist es nass und sie redet mit jemandem. Es fängt an zu fühlen, dass sie jemand anders ist – nicht vollkommen eins mit ihm. Aber es ist eins mit sich selbst, also ist das Letzte, was es lernt, sein eigener Name.

Wenn also zwei Liebende anfangen, eins zu werden, kommt Angst auf. „Bist du dabei, den anderen zu verlieren?" In gewisser Weise ist es auch so, weil der andere nicht mehr als der andere empfunden wird – deshalb kommt auch die Idee von brüderlicher und schwesterlicher Liebe. Warum? Bei der brüderlichen und schwesterlichen Liebe ist keine Aufregung da; sie ist eine kühle Sache. Sie ist sehr kühl und ruhig – keine Leidenschaft, keine Sinnlichkeit, keine Sexualität.

Und noch etwas: Bruder und Schwester haben einander nicht gewählt, es ist eine vorgegebene Tatsache. Eines Tages stellst du plötzlich fest, dass du die Schwester von jemandem bist oder der Bruder von jemandem; du hast es dir nicht ausgesucht. Deine Geliebten suchst du dir aus. Bei der Wahl eines Geliebten kommt das Ego mit hinein. Bei einer Schwester, bei einem Bruder hat das Ego keinen Ansatzpunkt, du hast nicht gewählt, es ist ein Geschenk Gottes. Du kannst es nicht verändern, du kannst nicht zur Behörde gehen, zum Richter, und sagen, dass du dich von deiner Schwester scheiden lassen möchtest, dass du nicht länger ihr Bruder sein willst. Selbst wenn du dich entschließt, nicht länger ein Bruder zu sein, wirst du es dennoch bleiben – es macht keinen Unterschied. Es gibt keine Möglichkeit, es ist unwiderruflich, du kannst es nicht rückgängig machen.

Wenn Mann und Frau anfangen, so viel zu spüren, steigt Angst auf – hast du angefangen, den anderen als selbstverständlich zu nehmen? Ist er ein Bruder geworden oder eine Schwester, ist es also gar nicht mehr deine Wahl, hat dein Ego nichts mehr damit zu tun, ist es kein Ego-Trip mehr? Alle diese Ängste steigen auf und die Vergangenheit …

Du weißt, dass das dumm ist, aber es sind Gewohnheiten aus der Vergangenheit … Manchmal bekommt man das Gefühl, dass einem etwas fehlt – es ist eine Art Leere. Aber sieh es nicht durch deine Vergangenheit an. Hör mir zu und sieh es von der Zukunft her an.

Vieles wird in dieser Leere geschehen, vieles wird in dieser Intimität geschehen – ihr werdet beide verschwinden. Es wird völlig unsexuell werden, alle Hitze wird verschwinden und dann wirst du eine völlig andersartige Qualität der Liebe erfahren. Diese Eigenschaft, die bei dir entsteht, nenne ich Gebet. Aber das liegt noch in der Zukunft, das ist noch nicht geschehen – du bist auf dem Weg dorthin. Die Vergangenheit ist nicht mehr da und die Zukunft ist noch nicht da.

Die Zeit dazwischen wird ein wenig hart sein, aber denke nicht an die Vergangenheit. Sie ist vergangen, für immer vergangen, sogar wenn du es versuchst, du kannst sie nicht zurückholen. Es ist so närrisch, es fühlt sich so albern an. Du kannst sie zurückzerren, du kannst es ja versuchen, aber du wirst versagen und das erzeugt noch mehr Frustration. Also versuch's erst gar nicht. Sei einfach auf neue Art liebevoll... lass diesen Neumond der Liebe geschehen.

Umarmt euch, seid liebevoll zueinander, nehmt Anteil aneinander und sehnt euch nicht nach der Hitze – denn diese Hitze war eine Verrücktheit, es war eine Raserei; es ist gut, dass sie vergangen ist. Ihr solltet euch glücklich schätzen – missversteht es nicht.

Dies wird jedem Liebenden hier geschehen – wenn er mir wirklich zuhört und tief hineingeht... Das ist die Tiefe, nach der du verlangst, wenn du sagst, dass die Liebe wirklich tief gehen soll – das ist die Tiefe.

Die leidenschaftliche Liebe ist eine Randerscheinung, die mitfühlende Liebe ist im Zentrum, das ist die Tiefe.

Genießt es einfach, fühlt euch gesegnet, meditiert zusammen, tanzt miteinander. Wenn der Sex vergeht, lasst es zu, forciert es nicht. Wenn es manchmal geschieht, lass es zu; wenn es verschwindet, lass es vergehen. Nach und nach wird es vergehen. Hm? Sei dadurch nicht beunruhigt. Es hat dir nichts gegeben, es kann dir nichts wegnehmen. Und es ist gut, dass du es jetzt als albern empfindest.

aus: For Madmen Only

Liebe braucht Bewusstheit

Es ist sehr schwierig, über lange Zeit hinweg verliebt zu sein. Es bedarf einer großen Transformation in deinem Wesen – nur dann kannst du über lange Zeit hinweg lieben. Die gewöhnliche Liebe ist etwas sehr Momentanes; sie kommt und geht, sie beginnt, und sie endet, sie hat einen Anfang und sie hat ein Ende.

Also, besser als zu rationalisieren ist es, einfach in das Phänomen hineinzuschauen, dass du nicht mehr verliebt bist. Es wird hart sein. Es ist nicht so, dass Liebe da ist und die Energie nicht mehr fließt. Wie kann das geschehen? Liebe ist Energie; wenn Liebe da ist, fließt auch die Energie.

Vielleicht bist du in die vergangene Liebe verliebt – das ist möglich. Vielleicht bist du in die Erinnerungen verliebt – wie schön die Dinge waren und wie die Energie geflossen ist und jetzt fließt sie nicht mehr. Es ist ein Überbleibsel aus der Vergangenheit. Du denkst ständig über die Vergangenheit nach und möchtest, dass die Gegenwart genau wie die Vergangenheit sein soll. Aber das kann nicht getan werden. Die Gegenwart ist völlig anders als die Vergangenheit – und es ist gut, dass sie anders ist. Wenn sie nur eine Wiederholung der Vergangenheit wäre, dann hättest du bald genug davon, wärest total gelangweilt.

Also schaut euch die Wirklichkeit an und findet die Wahrheit heraus. Wenn ihr euch nicht mehr liebt, könnt ihr eines tun: Ihr könnt Freunde sein. Es gibt keinen Grund, euch zu zwingen – und Liebe kann nicht erzwungen werden.

Wenn du sie erzwingst, wird es Heuchelei sein und niemanden befriedigen.

Also schau einfach die Sache an. In der Vergangenheit seid ihr Liebende gewesen, also könnt ihr zumindest Freunde sein. Schaut einfach hin! Vielleicht, wenn ihr euch dazu entscheidet, Freunde zu sein, wird die Liebe wieder zu fließen beginnen – weil ihr wieder anfangt, euch frei zu fühlen, weil ihr wieder beginnt, Individuen zu sein. Die Sicherheit wird vergangen sein, jene Elemente, die eure Liebe zerstört haben, werden wieder verschwinden. Dann ist es möglich, dass die Liebe wieder zu fließen beginnt.

So, wie ihr eines Tages geheiratet habt, so lasst euch jetzt scheiden und seid einfach Freunde. Zuerst ist eure Liebe entstanden – ihr wart Freunde, ihr seid zusammengekommen. Liebe entsteht aus Freundschaft und dann wird sie früher oder später eine Beziehung und ist keine Freundschaft mehr – dann stirbt sie. Wenn du sie wirklich wiederbeleben möchtest..., und ich sage nicht, dass es eine Gewissheit ist – darüber kann niemand etwas sagen – aber die Möglichkeit, dass sie wieder auflebt, ist da. Sogar, wenn sie nicht wieder auflebt, kann sie für dich mit jemand anderem aufleben und dein Mann kann jemand anderen lieben.

Denke immer daran: zu lieben ist gut – es ist sehr wertvoll. Wenn es mit einem Menschen nicht mehr fließt, dann ist es besser, es mit einem anderen Menschen fließen zu lassen. Aber bleibt nicht stecken – denn sonst wirst du leiden, ihn leiden machen, ihr werdet beide leiden. Und das Problem ist, wenn du lange genug leidest, dann wirst du süchtig nach Leiden. Dann wirst du eine Art Genuss am

Leiden selbst finden. Ihr werdet zu Masochisten und dann wird es sehr, sehr schwierig werden, da herauszukommen. Jetzt ist das Problem nicht so groß...

Gehe zurück, sprich mit ihm und sage ihm, er soll ehrlich sein. Hm? Ihr habt einander geliebt – das zumindest schuldet ihr euch, ehrlich zu sein, absolut ehrlich miteinander zu sein. Legt alle Karten auf den Tisch und versucht, nichts zu verbergen, denn das wird nicht helfen. Nur die Wahrheit hilft. Lügen helfen nie – sie können das Problem nur herauszögern und währenddessen schlägt das Problem immer mehr Wurzeln in euch. Also, je eher desto besser.

Gehe und bitte ihn, ehrlich zu sein – sogar wenn es schmerzt. Sag ihm, dass es weh tun wird, dass er sich aber keine Sorgen machen soll. Ihr seid miteinander glücklich gewesen; wenn es jetzt weh tut, müsst ihr auch dem ins Auge sehen. Seid vollkommen aufrichtig – keine Suche nach Sündenböcken, Hexenjagden, keine Rationalisierungen. Seid einfach aufrichtig. Schau in dich hinein, zeig ihm dein Herz und hilf auch ihm, aufrichtig zu sein. Wenn die Liebe beendet ist, dann seid Freunde, es gibt keinen Grund, es zu erzwingen. Vielleicht, eines Tages wieder...

Einmal kam eine indische Filmschauspielerin mit einer Frage. Das Problem war genau dasselbe und ich schlug die Scheidung vor – denn es liegt kein Sinn darin, zu lange damit weiterzumachen. Sie ließen sich scheiden. Sieben Jahre später heiratete ihre Tochter und sie trafen sich wieder. Sieben Jahre lang sind sie sich nicht begegnet – und sie haben sich wieder ineinander verliebt!

Sie kam zu mir gelaufen und sagte: „Das ist unmöglich, aber es ist geschehen! Sieben Jahre haben wir uns nicht gesehen, keinen einzigen Brief geschrieben, aber unsere Tochter heiratete, also mussten wir uns treffen – und auf einmal...! Sie haben wieder geheiratet!

Aber ich riet ihnen aufzupassen, denn das Gleiche könnte sich wiederholen.

Die Liebe braucht viel Bewusstheit, um sie in Fluss zu halten – und so bewusst sind wir nicht, also kommt sie immer wieder zum Stillstand.

Also gehe und sorge dich nicht, hm? Wenn die eine Türe verschlossen ist, wird sich die nächste öffnen.

Verrate die Liebe niemals. Liebespartner wechseln – das ist kein Problem, das sollte kein Problem sein; wir sollten nicht zu sehr an einer Person hängen. Lass da nur eine Verpflichtung sein, die der Liebe gegenüber! Sei in die Liebe verliebt, und alles andere ist zweitrangig.

Und sei mutig – dieser Mut wird helfen. Sonst werdet ihr beide so tun, als ob aus diesem oder aus jenem Grund... und ihr bleibt weiter unglücklich. Verweile nicht mal einen einzigen Moment im Unglück.

Lebe gefährlich – denn das ist die einzige Art zu leben. Und jetzt, wo du ein Sannyasin bist, hoffe ich, dass du genug Mut hast, dem ins Auge zu blicken. Wenn etwas vorbei ist, ist es einfach vorbei.

Und vielleicht, wenn ihr alles offen haltet, die Dinge wieder mit frischen Augen anschaut, mag etwas geschehen. Vielleicht ist es da – vielleicht ist es mit zu viel dummem Zeug beladen. Wenn ihr die Dinge offenlegt, wirst du dich vielleicht erleichtert fühlen, er wird vielleicht erleichtert sein, ihr mögt anfangen, wieder füreinander zu empfinden. Aber das nächste Mal, wenn ihr wieder etwas füreinander empfindet, macht nicht das Gleiche, was ihr schon einmal gemacht habt.

Jede Ehe tötet die Liebe. Sehr selten bin ich einer Ehe begegnet, die die Liebe nicht abgetötet hat – es ist ein Wunder. Es ist nicht die Regel, es ist die Ausnahme – und die Ausnahme bestätigt lediglich die Regel.

aus: For Madmen Only

Sei ehrlich – um jeden Preis

Wenn du eine Frau liebst, dann sei vollkommen ehrlich und aufrichtig mit ihr... Und sage ihr, dass sie auch aufrichtig und ehrlich sein soll, koste es, was es wolle. Und es wird euch etwas kosten, denn es wird wehtun.

Oft wird es höllisch wehtun. Wenn du mit deiner Frau spazieren gehst und plötzlich sieht sie einen Mann und sie sagt: „Sieh mal, ich fühle mich zu diesem Mann hingezogen – einen Augenblick lang hatte ich dich völlig vergessen."

Sie ist ehrlich, aber es tut weh. Es ist nichts falsch daran, sich von diesem Mann angezogen zu fühlen; sie vergleicht dich nicht mit diesem Mann. In jenem Augenblick warst du nicht da, wie kann sie also vergleichen? In jenem Augenblick warst du einfach vergessen.

Nun, normalerweise sagen wir solche Dinge nicht zueinander... Aber man kann langsam daran arbeiten, besonders in engen Beziehungen. Und wenn beide bereit sind, in ihrer Aufrichtigkeit und Ehrlichkeit tief zu gehen, zahlt es sich aus. Eure Liebe wird tiefer; bald wird sie etwas vom Jenseits an sich haben. Wenn ihr ehrlich sein könnt und doch zusammenbleibt, wenn ihr die Qualen ertragen könnt, die Aufrichtigkeit mit sich bringt, dann folgt auch eines Tages die Ekstase, die Aufrichtigkeit – und nur Aufrichtigkeit – mit sich bringen kann.

aus: God's Got A Thing About You

Liebe bringt Freiheit, Liebe gibt Freiheit

Wenn alles Besitzergreifen, alle Eifersucht, alle Erwartungen verschwinden, verschwindet die Liebe nicht – du verschwindest, das Ego verschwindet. Das sind die Schatten des Egos.

Es ist nicht die Liebe, die eifersüchtig ist. Schau es dir an, beobachte es immer wieder. Wenn du eifersüchtig bist, ist es nicht die Liebe, die Eifersucht verspürt; die Liebe hat niemals etwas von Eifersucht gewusst. Genau so, wie die Sonne nichts von der Dunkelheit weiß, so weiß die Liebe nichts von der Eifersucht.

Es ist das Ego, das sich verletzt fühlt, es ist das Ego, das sich im Wettstreit fühlt, in einem ständigen Kampf. Es ist das Ego, das ehrgeizig ist und höher als der andere stehen möchte, etwas Besonderes sein möchte. Es ist das Ego, das anfängt, eifersüchtig zu sein, besitzergreifend – weil das Ego nur mit Besitztümern existieren kann. Je mehr du besitzt, desto mehr wird das Ego gestärkt; ohne Besitztümer kann das Ego nicht existieren. Es stützt sich auf den Besitz. Wenn du also mehr Geld hast, mehr Macht, mehr Ansehen, eine wunderschöne Frau, einen schönen Mann, schöne Kinder, fühlt sich das Ego enorm genährt. Wenn der Besitz verschwindet, wenn du überhaupt nichts mehr besitzt, wirst du kein Ego mehr in dir finden. Es gibt niemanden mehr, der „Ich“ sagen kann.

Und wenn du denkst, das ist deine Liebe, dann wird deine Liebe ganz sicher auch verschwinden. Deine Liebe ist nicht wirklich Liebe. Es ist Eifersucht, Besitzergreifen, Hass, Wut,

Gewalt; sie besteht aus tausenderlei Dingen – nur nicht aus Liebe. Weil all diese Dinge so hässlich sind, können sie nicht ohne eine Maske bestehen.

Liebe ist nur möglich, wenn Meditation geschehen ist. Wenn du nicht weißt, wie du in deiner eigenen Mitte ruhen kannst, wenn du nicht weißt, wie du dich in deinem Sein ausruhen und entspannen kannst, wenn du nicht weißt, wie du alleine und selig sein kannst, dann wirst du niemals wissen, was Liebe ist.

Liebe erscheint als Beziehung, entsteht aber in tiefer Einsamkeit. Liebe drückt sich als Beziehen aus, aber die Quelle der Liebe liegt nicht im Beziehen, die Quelle der Liebe ist die Meditation. Wenn du völlig glücklich in deinem Alleinsein bist, wenn du den anderen überhaupt nicht brauchst, wenn der andere keine Notwendigkeit ist, dann bist du zur Liebe fähig. Wenn der andere ein Bedürfnis für dich ist, dann kannst du nur ausnutzen, manipulieren, beherrschen, aber du kannst nicht lieben.

Weil du auf den anderen angewiesen bist, kommt Besitzgier auf – aus der Angst heraus. „Wer weiß? Heute ist der andere mit mir, morgen ist er vielleicht schon nicht mehr mit mir zusammen." Wer weiß schon etwas über den nächsten Moment? Deine Frau verlässt dich vielleicht, die Kinder werden erwachsen und gehen, dein Ehemann kann dich verlassen. Wer weiß schon etwas über den nächsten Moment? Aus Angst vor der Zukunft wirst du sehr besitzergreifend. Du schaffst eine Bindung um die Person herum, von der du denkst, dass du sie liebst.

Aber Liebe kann kein Gefängnis schaffen und wenn die Liebe ein Gefängnis schafft, dann bleibt dem Hass nichts zu tun übrig. Liebe bringt Freiheit, Liebe gibt Freiheit. Sie ist nicht besitzergreifend. Aber das ist nur möglich, wenn du eine völlig andere Eigenschaft der Liebe erfahren hast, nicht aus deiner Bedürftigkeit heraus, sondern aus Freude am Teilen.

Liebe ist das Teilen von überfließender Freude. Du bist zu voll von Freude; du kannst sie nicht zurückhalten, du musst sie teilen. Dann ist es Poesie, dann ist es etwas unglaublich Schönes, was nicht von dieser Welt ist, etwas, das aus dem Jenseits kommt. Diese Liebe kann man nicht erlernen, aber die Hindernisse können beseitigt werden.

So oft sage ich: Lerne die Kunst der Liebe – aber was ich eigentlich meine, ist: Erlerne die Kunst, alles beiseite zu räumen, was die Liebe verhindert. Es ist ein negativer Vorgang. Es ist, wie einen Brunnen zu graben: immer weiter beseitigst du viele Schichten von Erde, Steinen, Felsen und plötzlich ist Wasser da. Das Wasser war schon immer da, es war eine unterirdische Strömung. Jetzt hast du alle Barrieren beseitigt, das Wasser ist verfügbar. So ist die Liebe: Liebe ist der unterirdische Strom deines Wesens. Sie fließt schon, aber es sind viele Steine, viele Erdschichten zu beseitigen.

Das meine ich, wenn ich sage: Lerne die Kunst des Liebens. Sie ist nicht wirklich zu erlernen, sondern die Wege des Nicht-Liebens sind zu verlernen.

aus: The Book Of The Books

Eifersucht hat nichts mit Liebe zu tun

Warum folgt die Eifersucht der Liebe wie ein Schatten?

Eifersucht hat nichts mit Liebe zu tun. Tatsächlich hat eure so genannte Liebe auch nichts mit Liebe zu tun. Das sind schöne Worte, die du verwendest, ohne zu wissen, was sie bedeuten, ohne erfahren zu haben, was sie bedeuten. Du benutzt ständig das Wort „Liebe". Du benutzt es so oft, dass du vergisst, dass du sie noch gar nicht erfahren hast. Das ist eine der Gefahren, wenn man so schöne Worte wie „Gott", „Liebe", „Nirvana", „Gebet" benutzt – schöne Worte. Du benutzt sie immer weiter, du wiederholst sie ständig und nach und nach gibt dir die ständige Wiederholung das Gefühl, du wüsstest etwas darüber.

Was weißt du über die Liebe? Wenn du irgendetwas über Liebe wüsstest, könntest du diese Frage nicht stellen, denn in der Liebe ist niemals Eifersucht. Wo immer Eifersucht vorhanden ist, ist die Liebe nicht vorhanden.

Eifersucht ist nicht ein Teil der Liebe, Eifersucht ist ein Teil der Besitzgier. Besitzenwollen hat nichts mit Liebe zu tun. Du möchtest besitzen. Durch den Besitz fühlst du dich stark, dein Territorium ist größer. Und wenn ein anderer versucht, dein Territorium zu betreten, bist du wütend. Oder wenn einer ein größeres Haus hat als du, bist du neidisch. Oder wenn einer versucht, dich deines Eigentums zu berauben, bist du eifersüchtig und wütend. Wenn du liebst, ist Eifersucht unmöglich; sie ist überhaupt nicht möglich.

Ich habe gehört: Oben am eisigen Yukon hielten zwei

Trapper an, um sich in der letzten Grenzstadt mit Vorräten für den langen Winter einzudecken. Nachdem sie ihre Schlitten mit Mehl, Kerosin, Streichhölzern und Munition beladen hatten, waren sie endlich bereit, für sechs Monate in der Wildnis zu verschwinden.

„Einen Moment noch, Jungs", rief ihnen da der Ladenbesitzer zu. „Wie wär's denn, wenn ihr noch eins davon mitnehmt?" Und er zeigte ihnen ein großes Brett, das wie eine Sanduhr geformt war.

„Was ist denn das?", fragte einer der Trapper.

Der Ladenbesitzer zwinkerte: „Es heißt Liebesbrett. Das kannst du umarmen, wenn du dich einsam fühlst."

„Wir nehmen zwei!", riefen die Männer.

Nach sechs Monaten kehrte einer der Trapper bärtig und abgerissen zurück.

„Wo ist dein Kumpel?", fragte der Ladenbesitzer.

„Musste ihn leider erschießen", brummte der Trapper. „Hab' ihn erwischt, wie er mit meinem Liebesbrett rumgespielt hat."

Eifersucht hat mit Liebe nichts zu tun. Wenn du deine Frau liebst, wie kannst du eifersüchtig sein? Wenn du deinen Mann liebst, wie kannst du eifersüchtig sein? Wenn deine Frau mit einem anderen lacht, wie kannst du da eifersüchtig sein? Du wirst glücklich sein, es ist deine Frau, die glücklich ist, ihr Glück ist dein Glück. Wie kannst du nur gegen ihr Glück sein?

Aber schau dich um, beobachte. Du hast über diese Geschichte gelacht, aber sie passiert überall, in jeder Familie. Die Frau wird sogar auf die Zeitung eifersüchtig, wenn der Mann zu lange darin liest. Sie kommt und schnappt sie ihm weg: Sie wird eifersüchtig. Du ersetzt sie durch deine Zeitung. Wenn sie da ist, wie kannst du es wagen, Zeitung zu lesen? Das ist eine Beleidigung! Wenn sie da ist, muss sie dich vollkommen besitzen – nicht einmal die Zeitung... Die Zeitung wird zum Konkurrenten.

Was soll man da erst über menschliche Wesen sagen? Wenn die Frau zugegen ist und der Mann mit einer anderen Frau ins Gespräch kommt und ein bisschen glücklich aussieht – was ganz natürlich ist, man wird des anderen müde, irgendetwas Neues und man fühlt sich angeregt – schon ist die Frau wütend. Du kannst es gut erkennen; wenn ein Paar vorbeigeht und der Mann unglücklich aussieht, dann ist er der Ehemann und mit der Frau verheiratet. Wenn er glücklich aussieht, ist er nicht mit der Frau verheiratet. Sie ist nicht seine Frau.

Ich reiste einmal im Zug und im gleichen Abteil war eine Frau. An jeder Station kam ein Mann herein. Manchmal brachte er Bananen, manchmal Tee und Eiscreme, dies oder das.

Ich fragte sie: „Wer ist dieser Mann?"

Sie antwortete: „Er ist mein Ehemann."

Ich sagte: „Dem traue ich nicht. Das glaube ich nicht. Wie lange sind Sie schon verheiratet?" Sie wurde ein bisschen verlegen.

Sie sagte: „Nun, wenn Sie darauf bestehen, wir sind nicht verheiratet. Aber wie haben sie das herausgefunden?"

Ich sagte: „Ich habe noch keinen Ehemann gesehen, der an jeder Station vorbeikommt. Wenn ein Ehemann einmal seine Frau losgeworden ist, dann wird er an der letzten Station vorbeischauen, in der Hoffnung, dass sie unterwegs irgendwo herausgefallen ist. Aber an jeder Station etwas vorbeibringen ... dieses und jenes ... und immer wieder aus seinem Abteil herauseilen?"

Sie sagte: „Sie haben recht. Er ist nicht mein Ehemann. Er ist der Freund meines Ehemannes."

Das ist richtig – dann gibt es keine Probleme.

Du liebst deine Frau oder deinen Mann oder deinen Freund nicht wirklich. Wenn du liebst, dann ist sein oder ihr Glück auch dein Glück. Wenn du liebst, wirst du keinerlei Besitz ergreifen wollen.

Liebe ist dazu fähig, absolute Freiheit zu geben. Nur Liebe ist dazu fähig, völlige Freiheit zu geben. Und wenn sie keine Freiheit gibt, dann ist es etwas anderes, keine Liebe. Es ist eine Art egoistischer Trip.

Du hast eine schöne Frau, du möchtest jedem in der ganzen Stadt zeigen, dass du eine schöne Frau hast, genau wie einen Besitz. Genau so, wie wenn du ein Auto hast und du fährst auf dein Auto ab, dann möchtest du jeden wissen lassen, dass niemand so ein schönes Auto hat. So ist es auch mit deiner Frau. Du bringst ihr Diamanten, aber nicht aus Liebe. Sie ist eine Verzierung für dein Ego. Du schleppst sie von einem Club zum nächsten, aber sie muss weiter an dir hängen und zeigen, dass sie zu dir gehört. Die kleinste Verletzung deiner Rechte – und du bist wütend, du könntest die Frau umbringen... von der du denkst, dass du sie liebst.

Überall ist das große Ego am Werk. Wir wollen, dass Menschen wie Dinge sind. Wir besitzen sie wie Dinge, wir reduzieren Personen zu Dingen. Die gleiche Haltung haben wir auch den Dingen gegenüber.

Ich habe gehört: Ein Rabbi und ein Priester waren Nachbarn,

und zwischen ihnen herrschte eine gewisse Bissigkeit. Wenn die Cohens ihre Auffahrt machen ließen, ließ Pater O'Flynn seine neu pflastern, und so ging es immer weiter.

Eines Tages hatte der Pfarrer einen neuen Jaguar, also schaffte sich der Rabbi einen Bentley an. Als er aus dem Fenster schaute, sah er den Priester Wasser über die Kühlerhaube gießen. Er öffnete das Fenster und rief: „Das ist nicht die richtige Art, Kühlwasser nachzufüllen, wissen Sie das nicht?"

„Ach!", sagte der Pfarrer. „Ich taufe ihn mit heiligem Wasser. Das ist mehr, als Sie mit Ihrem machen können."

Nach einer Weile war der Pfarrer entsetzt, als er sah, dass der Rabbi auf der Straße lag und mit der Säge in der Hand die Spitze des Auspuffs absägte.

So ist der Verstand, ständig in Konkurrenz. Jetzt führt er eine Beschneidung durch; irgendetwas muss er tun. So leben wir den Weg des Egos. Das Ego kennt keine Liebe, das Ego kennt keine Freundschaft, das Ego kennt kein Mitgefühl. Das Ego ist Aggression, Gewalt.

Und du fragst: *Warum folgt die Eifersucht der Liebe wie ein Schatten?*

Niemals.

Liebe wirft überhaupt keinen Schatten. Liebe ist so durchsichtig, dass sie keinen Schatten wirft. Liebe ist keine feste Sache, sie ist Transparenz. Durch die Liebe wird kein Schatten erzeugt. Liebe ist die einzige Erscheinung auf der Erde, die keinen Schatten erzeugt.

aus: Die Tantrische Vision

hast weder deine Schwester gewählt, noch hast du deinen Bruder gewählt; sie sind nicht von dir ausgesucht worden. Es war zufällig, dass ihr von den gleichen Eltern geboren worden seid. Also habt ihr eine gewisse Zuneigung. Wenn man so lange zusammenlebt, tausendundeine Verbindung hat, fängt man an, sich zu mögen – oder nicht zu mögen – aber es ist niemals Liebe, es ist niemals Hass. Es geht nie in die Extreme, es ist sehr ausgewogen.

So ist es auch mit der Ehe, der arrangierten Ehe. Mann und Frau leben zusammen und nach und nach fangen sie an Gefühle füreinander zu entwickeln.

Die Gesellschaft tut noch ein Weiteres; sie erlaubt keinen außerehelichen Sex, also *muss* der Ehemann mit seiner Frau schlafen, die Ehefrau *muss* mit ihrem Mann schlafen. Wenn du nur eine Art Nahrung essen darfst und kein anderes Essen erlaubt ist, wie lange kannst du da warten? Du musst essen. Das ist der Trick der Gesellschaft. Wenn außerehelicher Sex erlaubt wäre, dann wäre es durchaus möglich, dass der Ehemann nicht mit seiner Frau schlafen möchte, dass die Ehefrau nicht mit ihrem Mann schlafen möchte. Lediglich aus Hunger und weil sie keinen anderen Ausweg haben, fangen sie an, miteinander zu schlafen. Aus Verzweiflung gehen sie eine Verbindung miteinander ein. Dann werden die Kinder geboren... und noch mehr Fesseln: religiöse, soziale Fesseln. Dann die Kinder und die Verantwortung... und schon kommt die Familie ins Rollen.

Die Liebesehe ist zum Scheitern verurteilt, weil die Liebesehe etwas Poetisches ist. Du verliebst dich und träumst von dem Mann oder der Frau und du erreichst damit einen Gipfel, einen Höhepunkt der Träume. Diese

Träume gehen weiter, bis du die Frau triffst, bis du den Mann triffst. Dann kommt ihr zusammen, ihr seid befriedigt. Die Träume verschwinden langsam. Jetzt fängst du zum ersten Mal an, den anderen so zu sehen, wie er oder sie *wirklich ist.*

Wenn du deine Frau so siehst, wie sie ist, wenn du deinen Mann so siehst, wie er ist, dann sind die Flitterwochen vorüber. Das ist die Bedeutung des Ausdrucks „die Flitterwochen sind vorbei". Und es geschieht nicht nur in der Ehe, es geschieht in vielen Arten von Beziehungen. Hier, mit mir, geschieht es auch.

Du kommst zu mir und du kannst Flitterwochen erleben, du kannst Fantasien über mich haben. Ich habe keinen Anteil daran, ich bin daran nicht beteiligt. Es ist etwas, was du ganz alleine tust. Aber du fängst an, dir etwas einzubilden, etwas zu sehen. Dies wird geschehen und das wird geschehen. Und dann, eines Tages, sind die Flitterwochen vorbei. Tatsächlich warte ich immer gerne, bis die Flitterwochen vorüber sind, dann beginne ich zu arbeiten, niemals zuvor, denn ich möchte nichts mit deinen Fantasien zu tun haben. Ich fange erst an zu arbeiten, wenn ich sehe, dass die Flitterwochen vorüber sind und du wieder auf der Erde bist. Jetzt kann etwas Reales getan werden. Wirklich, ich gebe Sannyas immer gerne erst dann, wenn die Flitterwochen vorüber sind. Sannyas während der Flitterwochen zu geben, ist gefährlich, sehr gefährlich, weil du in dem Augenblick, in dem die Flitterwochen vorüber sind, anfangen wirst, Gefühle gegen mich zu entwickeln, gegen Sannyas zu rebellieren; du wirst anfangen zu reagieren. Es ist besser zu warten.

In jeder Beziehung – in einer Freundschaft, in dem

Verhältnis von Meister und Schüler – in jeder Art von Beziehung gibt es einen Teil, der aus Einbildung besteht. Diese Einbildung kommt nur aus deinem Kopf: unterdrückte Begierden schmuggeln sich in deine Träume. In einer besseren Welt mit mehr Verständnis wird die Ehe verschwinden und mit der Ehe werden auch die Flitterwochen verschwinden.

Nun hör zu.

Es gab Gesellschaften, zum Beispiel die Hindu-Gesellschaft, die die Flitterwochen getötet hat, indem sie die Liebe getötet hat – und nur die Ehe existiert. In Amerika töten sie die Ehe und retten die Liebe – die Flitterwochen, nur die Flitterwochen existieren, nicht die Ehe. Sie ist am Verschwinden.

Aber für mich sind im Grunde genommen beide miteinander verschworen. Die Flitterwochen können nur bestehen, wenn eine gewisse Unterdrückung da ist, sonst gäbe es nichts zu projizieren. Und wenn es etwas zu projizieren gibt, dann wird die Liebe immer wieder scheitern. Dann kommen die *pundits* und treffen Vorbereitungen für die Ehe, weil die Liebe am Scheitern ist. Sie treibt die Menschen zum Wahnsinn und hilft ihnen nicht, ihr Leben zu leben. Sie macht sie für Selbstmord anfällig. Sie macht sie neurotisch, schizophren, hysterisch. Also muss der *pundit* kommen, die Priester und die Politiker müssen sich einmischen und die Hochzeiten arrangieren, weil die Liebe zu gefährlich ist. Und so hat sich die Gesellschaft zwischen diesen beiden Polen hin- und herbewegt.

Manchmal, wenn die Menschen der Ehe überdrüssig sind,

so wie es in Amerika geschehen ist, beginnen sie, an Liebe zu denken. Wenn die Menschen der Liebe überdrüssig sind – und früher oder später wird das eintreffen; sie fangen schon an, so zu fühlen – dann wenden sie sich der Ehe zu. Beides sind Gegenpole im gleichen Spiel.

Für mich ist es so, dass wir eine andere Art der Gesellschaft brauchen, in der die Ehe und die Romanze verschwinden. Die Ehe verschwindet, denn es ist unmoralisch, zwei Menschen durch juristischen Druck zum Zusammenleben zu zwingen. Zwei Menschen zu zwingen, zusammenzuleben, wenn sie nicht zusammenleben möchten, ist gegen die Natur, gegen Gott.

Neunundneunzig Prozent aller gesellschaftlichen Krankheiten werden verschwinden, wenn man die Menschen zu nichts zwingt.

Hört euch das an:

Ein Mann ging zu seinem Anwalt und sagte: „Ich bin sehr reich, also Geld spielt keine Rolle. Ich möchte meine Frau loswerden, die ein Drachen ist, ohne mich verdächtig zu machen. Sagen Sie mir, was ich tun soll."

„Kaufen Sie Ihr ein feuriges Pferd, vielleicht wirft es sie ab."

Einen Monat später kam der Mann wieder und sagte, seine Frau sei jetzt die beste Reiterin in der ganzen Gegend.

„Dann", sagte der Anwalt, „kaufen Sie ihr einen Minicooper und schicken Sie sie damit in die Berge."

Dies tat der Mann, aber sie fuhr wie Sterling Moss und brachte jeden anderen, nur nicht sich selbst in Gefahr. Der Ehemann sagte dem Anwalt beim nächsten Besuch, er sei verzweifelt...

„Dann kaufen Sie ihr einen großen Jaguar."

Nach einer Woche kam der Mann zurück, er war entzückt: „Nehmen Sie Ihr Honorar, es hat geklappt."

„Was ist denn passiert?"

„Tja, als sie die Käfigtür aufgemacht hat, um den Jaguar zu füttern, hat er ihr den Kopf abgebissen!"

Die Ehe schafft tausenderlei Verwicklungen und löst nichts. Ja, sie hat Erfolg – Erfolg damit, Menschen zu Sklaven zu machen. Sie hat Erfolg damit, die Einzigartigkeit der Menschen zu zerstören. Kannst du das um dich herum nicht überall sehen? Ein unverheirateter Mann hat eine gewisse Individualität, ein verheirateter Mann verliert seine Individualität langsam. Er wird mehr und mehr zu einem bestimmten Typus. Die unverheiratete Frau hat etwas Freudiges, etwas Fließendes. Die verheiratete Frau wird stumpf, uninteressiert, gelangweilt. Das ist hässlich – Menschen in die Langeweile zu treiben. Die Menschen sind dazu da, glücklich zu sein, Menschen sind da, um zu feiern und zu genießen. Alles andere ist hässlich!

Die Ehe muss verschwinden. Aber wenn du Einbildung und Liebe wählst, wirst du wieder in der gleichen Falle der Ehe landen. Liebe hat nie Erfolg – nie auf die Art wie die Ehe – finanziell, der Sicherheit wegen, wegen der Kinder, der Gesellschaft wegen, wegen diesem und jenem. Liebe ist nie so erfolgreich wie die Ehe.

Also wirft die Liebe andere Probleme auf. Und die Liebe besteht aufgrund von unterdrückten Begierden. Wenn die Ehe verschwindet und die Begierden nicht mehr unterdrückt werden, wird die Liebe automatisch auch verschwinden.

Eine wirkliche Gesellschaft menschlicher Wesen wird die

Ehe überhaupt nicht kennen und auch die Flitterwochen nicht. Sie wird nur Freude kennen und das Teilen mit anderen Menschen. So lange, wie du teilen kannst, gut; wenn du nicht mehr teilen kannst, auf Wiedersehen. Die Ehe verschwindet und die hässliche Scheidung verschwindet gleich mit ihr. Die Ehe verschwindet und mit ihr verschwindet auch die Fantasie von den Flitterwochen.

Wenn du frei bist für die Liebe und dafür, anderen Menschen zu begegnen, werden die Flitterwochen verschwinden. Laila und Majnun, Shiri und Farihad sind nicht mehr möglich – keiner steht im Weg. Du kannst jede Frau treffen, du kannst jeden Mann treffen. Wen immer du begehrst und wer immer dich begehrt – niemand steht dir im Weg. Was brauchst du da Fantasien? Alles uns mögliche Essen steht dir zur Verfügung, aber was dich hindert, sind die Polizisten, der Magistrat, die Priester, die dir Angst machen und dir sagen, wenn du das isst, kommst du in die Hölle. Nur wenn du dieses Essen isst, kommst du in den Himmel, und dieses Essen willst du nicht; dieses Essen führt in den Himmel, und das Essen, das du möchtest, führt in die Hölle. Alles, was dir Freude macht, führt in die Hölle. Und alles, was dich unglücklich macht, führt in den Himmel. Wenn sich niemand mehr zwischen dich und deine Wünsche stellt, wenn Wünsche nichts mehr kosten, dann wird es keine Unterdrückung mehr geben.

Ohne Unterdrückung werden die Flitterwochen verschwinden. Die Flitterwochen sind ein Nebenprodukt – sie existieren gemeinsam mit der Ehe. Sie sind wie ein Köder. Du gehst fischen und benutzt dazu einen Köder. Flitterwochen sind ein Köder – sie locken dich in die Ehe. Deshalb bestehen die Frauen so sehr auf der Ehe – sie wissen Bescheid. Sie sind praktischer, empirischer als die Männer. Männer sind Träumer geblieben, sie denken an den Mond und die Sterne. Und die Frauen lachen nur über ihre lächerlichen Sehnsüchte. Die Frau weiß – sie ist sehr nüchtern – sie weiß, dass innerhalb von zehn, zwölf, fünfzehn Tagen, von zwei oder drei Wochen, die Flitterwochen vorüber sind. Und was dann? Sie besteht auf der Ehe.

Liebe ist nicht verlässlich. Sie kommt und geht: Sie ist eine Laune, eine Stimmung. Wenn Liebe bestehen bleibt, heißt das nur, dass immer noch Unterdrückung da ist.

In einer anderen Gesellschaft wird es Fröhlichkeit geben. „Liebe" wird kein so wichtiges Wort sein wie „Vergnügen", „Feiern". Zwei Menschen möchten ihre Energien austauschen; wenn beide das möchten, gibt es kein Hindernis. Es wird nur eine Einschränkung geben und zwar, wenn der andere nicht möchte, dann ist es vorbei. Dann fängt es erst gar nicht an. Alle anderen Einschränkungen sollten fallen gelassen werden.

Und jetzt hat die Wissenschaft es möglich gemacht, das Problem mit den Kindern sehr leicht zu lösen. Früher waren die Menschen nicht so gut dran. Ihr habt da mehr Glück. Das Problem der Kinder kann gelöst werden. Du kannst mit einer Frau so lange zusammenleben, bis der Tag kommt, wo du denkst: „Jetzt haben wir lange genug zusammengelebt und meine Liebe, mein Glück mit dieser Frau wird immer größer, mein Glück mit diesem Mann wird immer mehr, jetzt gibt es keine Möglichkeit der Trennung mehr." Du hast deinen Seelenpartner gefunden. An dem Tag, an dem ihr das fühlt, könnt ihr Kinder haben, ansonsten gibt es keinen Grund für Kinder. Und in einer besseren Gesellschaft sollten die Kinder zur Gemeinschaft gehören. Die Familie muss verschwinden. Es sollte Gemeinschaften von Menschen geben; eine Gemeinschaft der Maler, wo Maler und Malerinnen zusammenleben und ihre Gemeinschaft genießen; eine Gemeinschaft der Dichter, eine Kommune von Schreinern, eine Kommune der Goldschmiede; Kommunen mit unterschiedlichen Menschen, die lieber so als in Familien zusammenleben.

Die Familie hat sich als ein Unheil erwiesen. Es ist besser, wenn viele Menschen zusammenleben, denen alles gemeinsam gehört und die ihre Liebe miteinander teilen.

Aber es sollte keine Einschränkungen geben. Liebe sollte niemals zur Pflicht werden – nur dann macht sie Spaß. In dem Moment, wo sie zur Pflicht wird, ist sie tot, schwergewichtig. Und sie erzeugt tausenderlei Probleme, die nicht direkt gelöst werden können. So ist es auf der ganzen Welt. Du kannst zum Psychoanalytiker gehen, du kannst zu einem Meister kommen, du kannst meditieren, du kannst dieses und jenes tun – aber dein grundlegendes Problem wird nicht berührt.

Dein Grundproblem hängt immer noch irgendwie mit deiner Sex-Energie zusammen und du gehst es weiterhin von einer anderen Seite an. Du beschneidest weiter die Blätter, stutzt weiter die Blätter und beschneidest nie die Wurzeln. Die Menschen sind unglücklich, weil sie einander satt haben. Die Menschen sind traurig, weil sie die Gesellschaft des anderen nicht genießen können. Die Menschen sind einfach beladen; sie tun immer weiter ihre Pflicht, aber Liebe ist keine da.

Ehe und Flitterwochen kommen im gleichen Paket, sie müssen beide verschwinden. Dann kann es eine nicht unterdrückte Menschheit geben, menschliche Wesen, die sich wirklich zum Ausdruck bringen, die nichts außer Freude kennen und die ihre Freude zur Entscheidungsgrundlage machen. Freude sollte die Voraussetzung sein. Darum geht es im Tantra. Freude sollte die Voraussetzung werden.

aus: Die Tantrische Vision

Heiraten? Nehmt es spielerisch!

Zwei Sannyasins möchten im abendlichen Darshan von Osho getraut werden.

Ich muss hier alles Mögliche erledigen: Heiraten, Scheidungen. Aber vergesst nicht: Werdet niemals ernsthaft dabei. Nehmt es sehr spielerisch. In dem Moment, wo ihr die Ehe ernst nehmt, vergiftet ihr sie.

In dem Moment, wo du den anderen als gegeben annimmst, hast du schon Ärger und früher oder später wirst du auf Grund laufen. Nimm den anderen nie für selbstverständlich; das ist sehr beleidigend! Den anderen für selbstverständlich zu nehmen, heißt, der andere ist zum Mittel geworden, du liebst ihn nicht mehr um seiner selbst willen. Wenn die Freiheit des anderen erhalten bleibt, ist die Ehe schön. Schränke die Freiheit des anderen niemals ein.

Der Verstand ist sehr politisch – er möchte beherrschen. Also wird die Ehe zu einem Machtspiel, wer wen wie beherrscht. Und während der ganzen Zeit, vierundzwanzig Stunden lang, versuchen Ehemann und Ehefrau neue Wege herauszufinden, den anderen zu beherrschen. Natürlich wird die Schönheit so zerstört, die Liebe wird zerstört und getötet und was als eine wunderschöne Erfahrung begann, wird hässlich.

Sieh den anderen nie als selbstverständlich an und mische dich nie in die Freiheit des anderen ein. Und der Weg dazu ist, nicht vom anderen abhängig zu werden, denn abhängig zu werden ist ein subtiles Mittel der Herrschaft.

Werde nicht abhängig, bleibe mit dir selbst glücklich.

Dein Glück sollte nicht vom anderen abhängig sein, das Glück des anderen sollte nicht von dir abhängig sein. Ihr solltet unabhängig voneinander glücklich sein und manchmal euer Glück miteinander teilen. Aber es sollte nicht so sein, dass ihr alleine nicht glücklich sein könnt.

Wenn du alleine nicht glücklich sein kannst, wirst du anfangen dich zu rächen, denn der andere beherrscht dich. Du brauchst ihn, um glücklich zu sein, also ist dein Glück keine freie Erfahrung mehr – es ist eine Art Gefängnis. Und einem Menschen, den wir so nötig haben, können wir nie vergeben; es ist unmöglich, diesem Menschen zu vergeben.

Wenn du mit dir selbst glücklich sein kannst, bleibt der andere für sich selber auch glücklich. Ich meine damit: bleibt Individuen. Normalerweise möchte die Ehefrau nicht, dass der Ehemann alleine glücklich ist, und der Ehemann möchte nicht, dass seine Frau alleine glücklich ist. Wenn der Ehemann sieht, dass seine Frau alleine glücklich ist, fühlt er sich verletzt. So, sie kann also alleine glücklich sein? – Das heißt, er ist zurückgewiesen worden, er wird nicht gebraucht. Die Frau kann es nicht ausstehen, ihren Mann mit jemand anderem scherzen zu sehen, lachen, reden, sich erfreuen.

Die Frau toleriert nicht einmal, wenn der Ehemann fernsieht und glücklich ist; sie wird eifersüchtig auf das Fernsehen. Wenn der Ehemann die Zeitung liest und sich glücklich und behaglich fühlt, kommt sie und wirft die Zeitung fort, nimmt die Zeitung weg. Die Zeitung wird zum Nebenbuhler: Ich bin hier und du liest die Zeitung? Wie kannst du das wagen! Das macht die Sache hässlich.

Und wenn der Mann nur mit dir glücklich sein darf, wird

er nicht glücklich sein. Wenn du nur mit deinem Ehemann glücklich sein darfst, wirst du nicht sehr glücklich sein. Es ist so absurd! Als wenn der Ehemann von dir verlangte, nicht zu atmen, wenn er nicht zu Hause ist; wenn er nach Hause kommt, kannst du atmen – du sollst immer gemeinsam mit ihm atmen. Ihr lebt zusammen, also sollst du auch nicht alleine atmen. Und die Frau erwartet, dass du aufhörst zu atmen, wenn du ins Büro gehst. Wenn du nach Hause kommst, kannst du atmen, so viel du willst, aber sonst nirgendwo!

Das ist es, was mit der Liebe geschieht – du kannst zu niemand anderem liebevoll sein, du kannst dich mit niemand anderem freuen.

Wenn der Mann sich also nirgendwo sonst freuen kann, wie soll er sich dann plötzlich mit dir freuen? Dann wird das Unglücklichsein eine Angewohnheit. Dreiundzwanzig Stunden lang ist er unglücklich und eine Stunde am Tag erlaubt seine Frau ihm, glücklich zu sein – also tut er so als ob, und insgeheim bleibt er unglücklich.

Meine Vorstellung von der Ehe ist, dass zwei Menschen, die mit sich selber glücklich sind, sich verbinden, um ihr Glück zu teilen – aber sie bleiben unabhängig, bleiben Individuen. Dann braucht man keine Scheidung. Die so genannte Ehe verursacht die Scheidung.

Die Scheidung wird erst dann verschwinden, wenn diese so genannte Ehe verschwindet – wenn die Ehe keine legale Fessel ist, wenn die Ehe nur eine Entscheidung ist, die aus dem Glück heraus, aus Liebe und für den Moment getroffen wird. Es gibt kein Versprechen für die Zukunft, dass ihr auch morgen verheiratet bleibt. Im Augenblick, wo du ein Versprechen über die Zukunft abgibst, hast du schon das

Heute geopfert und dann wirst du vor dem Morgen Angst bekommen. Was wird dann geschehen?

Wenn die Liebe bestehen bleibt, gut; wenn sie verschwindet, gut. Und der Gott der Liebe ist sehr launenhaft; wenn er da ist, ist er da; wenn er weg ist, ist er weg. Du kannst ihm nicht befehlen, jetzt zu kommen – du kannst ihn nicht bestellen und abbestellen, einfach so. Wenn er da ist, ist er da. Er ist wie eine Brise; plötzlich ist sie da und plötzlich ist sie fort. Also gebe niemals Versprechen ab.

Diese Ehe ist kein Versprechen für die Zukunft; sie ist nur eine Bindung für diesen Augenblick. Natürlich wird der nächste Moment aus diesem Moment geboren und wenn dieser Moment wirklich wertvoll für euch war, dann seid ihr auch im nächsten Moment zusammen – sogar noch mehr als in diesem Moment. Wenn dieser Augenblick voll Glück war, dann ist der nächste Augenblick sogar von noch größerem Glück erfüllt, denn er wird daraus entstehen. Er kommt nicht aus dem Blauen heraus, er erwächst aus diesem Moment. Aber die Menschen versprechen sich das Morgen aus Angst. Ihr Leben besteht nicht aus Wachstum, deshalb das Versprechen.

Alle Versprechungen sind falsch und ein authentischer Mensch wird niemals etwas versprechen – denn wie kann man etwas versprechen? Man ist so hilflos, was weiß man schon über das Morgen? Vielleicht stirbst du; vielleicht stirbt sie; vielleicht verliebt sie sich in einen anderen – sie ist ein lebendiger Mensch, hm?

aus: For Madman Only

Warum hast du nie geheiratet?

Weil ich nicht verrückt bin.

Jesus steht vor einem lebensgroßen Spiegel – er bewundert seinen Teint und seine klaren Augen. Er bürstet sein langes Haar, ölt es ein und flicht es zu einem Zopf. Dann zupft er sich die Augenbrauen und kämmt seinen blonden Bart. Maria schaut zu.

„Mein Sohn", seufzt sie, „du bist so stattlich... Du solltest wirklich heiraten!"

„Heiraten? Ich?", ruft Jesus. „Da würde ich mich doch eher kreuzigen lassen!"

aus: Tao: The Golden Gate

Gute Frauen und schlechte Männer – schlechte Frauen und gute Männer …

Ist es wahr, dass in einer sehr engen Beziehung, wo einer den guten, verständnisvollen, ruhigen und entspannten Partner „spielt", dem anderen nichts anderes übrig bleibt, als nervös, angespannt und ärgerlich zu sein?

Ja, in einer Beziehung findet immer eine gewisse Art von Ausgleich statt. Wenn der eine den Ruhigen und Friedlichen und Gelassenen spielt, muss der andere die ganze Arbeit tun, die darin besteht, ärgerlich, zänkisch, unglücklich, kämpferisch zu sein.

Es ist eine Art ausbalancieren. Wann immer zwei Personen zusammen sind, geschieht ein Ausgleich. Versuche nicht, den Gelassenen zu spielen, sonst muss der andere sich mehr aufregen als nötig. Versuche nicht, Himmel zu spielen, sonst wird der andere zur Hölle. Sei natürlich, sei normal. Es ist gut, manchmal ärgerlich zu sein und manchmal traurig, manchmal höllisch zu sein und manchmal himmlisch.

Dann bleiben beide natürlich, dann bleiben beide normal. Eine normale Beziehung ist eine Himmel/Hölle-Beziehung. Wenn man vorgibt, himmlisch oder höllisch zu sein, dann bleibt dem anderen nichts anderes übrig. Die einzige Rolle, die übrig bleibt, ist, das Gegenteil zu spielen. Dies müsst ihr verstehen. Dies ist eins der größten Probleme der Welt.

Einst besuchte Avicenna, ein arabischer Arzt und Philosoph, der vom spirituellen Ruhm von Abel Hasan Khargani gehört hatte, den Meister in seinem Heim in Khargani. Der Meister war jedoch nicht daheim, da er auf Bitten seiner Frau in den nahen Dschungel gegangen war, um Brennholz zu holen. Als seine Frau von Avicenna gefragt wurde, wo der Meister sei, antwortete sie hitzig: „Warum willst du diesen Verrückten und Hochstapler sehen? Was für Geschäfte hast du mit ihm?“ Und sie fuhr fort, den Meister ausführlich zu kritisieren und herabzusetzen und seinen spirituellen Status verächtlich zu machen.

Avicenna war äußerst erstaunt. Was sie sagte, widersprach dem, was er vorher gehört hatte, und er fühlte sich entmutigt, die Suche nach ihm fortzusetzen. Jedoch, nachdem er nun schon einmal von so weit her gekommen war, nur um den Meister zu sehen, beschloss er schließlich, dieses auch zu tun. Als er sich dem Dschungel näherte, sah er mit Erstaunen den Meister sich nähern, mit einem großen Bündel Brennholz, das auf den Rücken eines Tigers geladen war.

Nachdem der Philosoph ihn ehrerbietig gegrüßt hatte, fragte er den Meister nach der Bedeutung und dem Unterschied zwischen dem, was die Frau ihm erzählt hatte und dem, was er mit eigenen Augen gesehen hatte.

Der Meister antwortete: „Daran ist weiter nichts Erstaunliches. Es ist eine bloße Frage der Mühe. Wenn ich den Wolf (sprich die „Frau“) in meinem Hause ertrage, dann trägt dieser Tiger aus dem Dschungel automatisch meine Last für mich.“

Der Sufimeister sagt damit: „Auch in der Existenz gibt es eine Art Ausgleich.“ Der Ausgleich besteht nicht nur zwischen Xanthippe und Sokrates, es besteht auch zwischen diesem Paar und der Existenz. Sokrates war außerordentlich geachtet von den Menschen; missachtet von seiner Frau, gequält von seiner Frau, aber von den Menschen geachtet.

Diese Geschichte ist schön. Khargani sagt: „Es ist lediglich eine Frage der Mühe, es ist nichts Erstaunliches daran. Wenn ich den Wolf in meinem Haus ertrage, dann trägt dieser Tiger aus dem Dschungel automatisch meine Last für mich."

Denke immer daran, das Leben kann nur im Gleichgewicht existieren. Es ist immer so gewesen. Gute Frauen finden immer schlechte Ehemänner und gute Ehemänner finden immer schlechte Frauen, schlechte Ehefrauen. Es ist so, dass es hier keine Ausnahme gibt. Hier kann es keine Ausnahme geben.

Ein Mann ging zu Sokrates und fragte: „Ich würde gerne heiraten. Ich bin jung. Was schlägst du vor, denn ich habe so viele Geschichten über dein Eheleben gehört. Du bist der Mensch mit der größten Eheerfahrung. Ich bin gekommen, um deinen Rat einzuholen. Was soll ich tun? Ist es richtig zu heiraten oder ist es gut, Junggeselle zu bleiben? Was bringt mir größeres Glück?"

Sokrates sagte: „Du heiratest besser."

Der junge Mann sagte: „Du verblüffst mich."

Sokrates antwortete: „Da ist nichts Erstaunliches daran, es ist einfach. Wenn du eine solche Frau bekommst, wie ich eine habe, wirst du ein großer Philosoph. Ich musste einer werden! Dies ist die schiere Notwendigkeit! Einfach um zu überleben, musste ich gelassen und meditativ und ruhig werden. Dies hat mir ungeheuer geholfen. Und wenn du eine gute Frau bekommst, wirst du glücklich; wenn du eine schlechte Frau bekommst, wirst du Philosoph. Wie auch immer, du wirst gut dabei fahren. Heirate!"

Aber ich kann nicht sagen, dass Sokrates für Xanthippes Benehmen nicht verantwortlich ist. Und ich kann nicht sagen, dass Sufimeister Abel Hasan Khargani für das Benehmen seiner Frau nicht verantwortlich ist.

Deshalb sind im Osten viele Sucher nach der Wahrheit Junggesellen geblieben. Es gibt einen Grund dafür. Der Grund, der wesentliche Grund ist nicht, dass du mit einer Frau nicht die Wahrheit erreichen kannst; sondern es ist Mitgefühl, denn wenn du im Zusammenleben mit einer Frau zu meditativ wirst, wirst du ihr Wesen zerstören. Sie wird anfangen, es auszugleichen, sie wird hässlich werden, sie wird negativ werden. Wenn du ganz Positivität bist, wird sie Negativität. Dann begehst du ein Verbrechen an ihr und du bist dafür verantwortlich. Durch die Jahrhunderte hindurch sind im Osten die Sucher nach der Wahrheit Junggesellen geblieben. Das geschah aus Mitgefühl: Warum ein anderes menschliches Wesen zerstören?

Sokrates war so ruhig, so meditativ, so sehr in seiner Suche nach Wahrheit gefangen: Die Frau fühlte sich einfach vernachlässigt, übersehen. Sie wollte seine Aufmerksamkeit. Ich kann es förmlich sehen – als sie den Teekessel über ihn leerte, bat sie einfach um Aufmerksamkeit. Er muss zu kalt gewesen sein, also machte sie ihn ein bisschen heiß. Er muss in einem leidenschaftslosen Zustand gewesen sein, sie versuchte, etwas Leidenschaft in ihm anzufachen. Wenn er ärgerlich sein konnte, dann konnte er auch liebevoll sein.

Aber er war nicht wütend. Er nutzte es als ein Mittel. Er wurde sogar noch ruhiger und friedlicher. Er ließ zu, dass heißes Wasser seinen Körper verbrühte, aber er blieb ein Zeuge. Dies muss die Frau noch wahnsinniger gemacht haben. Wie kannst du so einem Ehemann vergeben, der nicht aufspringt und zurückschlägt? Wenn er zurückgeschlagen hätte, hätte die Frau sich gemäßigt.

Wenn du verheiratet bist, ist es besser, normal zu bleiben. Deine Suche nach der Wahrheit sollte eine innere sein. In deiner Beziehung mit der Ehefrau oder mit dem Ehemann solltest du ein normales menschliches Wesen bleiben. Sonst begehst du ein Verbrechen, eine Sünde: Du wirst den Mann oder die Frau zerstören. Dann meditiere, wenn du allein bist. Und manchmal, wenn es nötig ist, sei ärgerlich! Nur im Spiel, spiele es, selbst wenn es nicht notwendig ist, denn wenn du einmal beschlossen hast, mit einer Frau oder einem Mann zu leben, hast du gewisse Verpflichtungen zu erfüllen. Du musst manchmal auch ärgerlich sein – das ist deine Pflicht.

Wenn man beschließt, in einer Beziehung zu sein, muss man darauf achten, den anderen nicht zu zerstören, den anderen nicht zu sehr zu dem anderen Pol hin zu drängen. Das Leben schafft den Ausgleich. Wenn du ganz positiv bist, wird der andere ganz negativ. Sei also fifty-fifty, sowohl negativ als auch positiv. Und wenn beide beides sind, entsteht eine schöne Beziehung, eine Schönheit erwächst. Große Musik und Harmonie entsteht. Sie werden zum Orchester.

Wenn das nicht geschieht, ist es besser, Junggeselle zu sein, ist es besser, allein zu sein. Zumindest störst du keinen anderen Menschen.

Der Osten hat Recht: Wenn du ein Sucher nach der Wahrheit bist, ist es besser, allein zu sein. Und wenn du in einer Beziehung bist und die Suche nach Wahrheit schon begonnen hast, kannst du zumindest schauspielern. Es ist nicht notwendig, wirklich ärgerlich zu sein, du kannst schauspielern, und das ist genug. Du kannst manchmal hitzig sein. Zumindest kannst du es zeigen – so viel schuldest du dem anderen.

aus: The Wisdom Of The Sands

Liebes-Ehen und Hass-Ehen

Warum habe ich eine Frau geheiratet, die mich hasst? Und ich hasse sie auch.

Woher soll ich wissen, warum du eine Frau geheiratet hast, die du hasst und die dich auch hasst? Vielleicht – das ist nur eine Annahme – habt ihr geheiratet, weil ihr euch hasst.

Es gibt zwei Arten von Ehen: Liebes-Ehen und Hass-Ehen. Liebes-Ehen sind sehr selten; Tatsache ist, dass sie nie geschehen. Die so genannten Ehen sind Hass-Ehen. Zumindest trifft das auf die Frauen zu. Wenn sie dich quälen wollen, dann heiraten sie dich, denn es gibt keinen sichereren Weg, dich zu quälen – das ist die beste Möglichkeit.

Mulla Nasrudin hat sich in eine sehr prekäre Situation gebracht. Er hatte mit nicht weniger als drei Frauen zur gleichen Zeit herumgespielt und jeder versprochen, dass er sie heiraten würde. In letzter Zeit übten sie Druck auf ihn aus, zu seinem Wort zu stehen. Mit seinem Verstand am Ende konsultierte er einen Rechtsanwalt.

„Ich schlage vor“, sagte der Rechtsanwalt, „dass ich alle Zeitungen schreiben lasse, dass du Selbstmord begangen hast. Danach halten wir noch ein falsches Begräbnis ab. Das sollte dann den Ärger beenden.

Sie gingen sofort zu Werke. Während der Rechtsanwalt die Zeitungen informierte, traf Mulla die nötigen Vorbereitungen mit dem Bestattungsunternehmen. Es war eine sehr beeindruckende Beerdigung. Zur rechten Zeit versammelten sich alle feierlich um den Sarg, um dem

Verschiedenen das letzte Geleit zu geben. Und dann traten seine drei Freundinnen ein.

„Armer Nasrudin“, seufzte die erste, als sie auf den Verstorbenen herunterblickte. „Er war ein lausiger Kerl, aber ich werde ihn sicher vermissen.“

„Adieu, Nasrudin“, schluchzte das zweite Mädchen, „zu schade, dass es nicht besser geklappt hat.“

Aber das dritte Mädchen war rasend vor Wut. „Du schmutzige Ratte! Mir einfach wegzusterben, nachdem du versprochen hast, mich zu heiraten. Dafür erschieß ich dich, selbst wenn du schon tot bist. Zumindest diese Befridigung hab ich dann!“

Dann zog sie einen Revolver aus ihrer Tasche heraus und zielte auf den vor ihr liegenden ausgestreckten Körper.

„Halt! Reg' dich nicht auf!“ rief da die Leiche und setzte sich auf. „Dich heirate ich!“

Ich weiß nicht, warum du eine Frau geheiratet hast, die dich hasst und die du hasst. Aber gib acht. Du musst ganz schön in der Klemme sitzen – aber das tut jeder, also sei nicht beunruhigt – das ist der übliche, natürliche Zustand des Menschen.

Jeder sitzt in der Klemme. Keiner weiß, warum er etwas Bestimmtes tut. Manchmal heiratest du eine Frau, weil sie ein ansprechendes Gesicht hat. Aber was hat die Ehe mit dem Gesicht zu tun? Nach zwei, drei Tagen sind die Flitterwochen vorbei und du wirst ihr nie wieder ins Gesicht schauen. Und du heiratest nie die wirkliche Frau – du heiratest nur ein Gesicht, eine bestimmte Figur und die Figur hat damit nichts zu tun.

Oder vielleicht magst du die Stimme der Frau, ihre süße

Sing-Sang-Stimme, und dann heiratest du sie. Die Menschen heiraten aus dummen Gründen. Also die süße Stimme hat nichts damit zu tun: Die süße Stimme wird nicht dein Essen zubereiten, nicht dein Bett machen. Nach ein paar Tagen hast du die Stimme vergessen. Die Realität, in der du leben musst, hat mit diesen Dingen nichts zu tun.

Eine bestimmte Frau hat eine bestimmte Figur, gewisse Kurven – aber was haben die Kurven mit dem Leben zu tun? Eine bestimmte Frau hat eine gewisse Art zu gehen und das gefällt dir. Aber kannst du dein Leben – dein Ehe-Leben – mit solch fadenscheinigen Sachen vergeuden. Das ist unmöglich.

Das Leben braucht eine realistischere Annäherung, eine wirklichkeitsnähere Grundlage.

Aber du machst weiter damit, solche oberflächlichen Dinge zu tun. Der Grund ist, dass du dir dessen nicht bewusst bist. Es ist nicht nur eine Frage des Heiratens – es ist eine Frage deines ganzen Lebens. Du machst immer weiter damit. Du tust Dinge aus dem Moment heraus – und erkennst nicht, dass das Leben mehr Bewusstheit, mehr Verantwortung, mehr Verständnis, mehr Intelligenz braucht.

Fange an intelligenter zu sein und du wirst immer weniger Ärger haben. Sei aufmerksamer, werde zum Zeugen.

aus: Die Tantrische Vision

Die zwei Gesichter der Liebe

Wenn du einen Menschen liebst, dann kann es sein, dass du ihn manchmal auch hasst, aber das zerstört eure Liebe nicht; im Gegenteil, es gibt der Liebe Reichtum.

Was ist Hass eigentlich? Es ist die Tendenz fortzugehen. Was ist Liebe? Es ist die Tendenz näherzukommen. Hass ist eine Neigung zur Trennung, eine Neigung zur Scheidung; Liebe ist die Neigung zu heiraten, näherzukommen, zusammenzukommen, eins zu werden. Hass bedeutet, zwei zu werden, unabhängig; Liebe bedeutet eins zu werden, voneinander abhängig. Wann immer du hasst, entfernst du dich von deinem Geliebten, deiner Geliebten. Aber im gewöhnlichen Leben ist ein Weggehen nötig, um wieder zusammenzukommen. Es ist wie mit dem Essen – du hast Hunger, also isst du. Dann vergeht der Hunger, weil du gegessen hast. Wenn du jemanden liebst, ist das wie Nahrung. Liebe ist Nahrung – sehr subtil, spirituell, aber sie ist Nahrung. Wenn du einen Menschen liebst, vergeht der Hunger, du fühlst dich gesättigt; dann setzt plötzlich das Bestreben ein, fortzugehen und ihr trennt euch. Aber dann werdet ihr wieder hungrig und ihr möchtet wieder näherkommen, enger, wieder ineinander versinken. Ihr esst, dann, vier, fünf oder sechs Stunden lang, vergesst ihr das Essen; ihr bleibt nicht weiter in der Küche sitzen, ihr bleibt nicht im Esszimmer sitzen. Ihr geht fort und nach sechs Stunden kommt ihr plötzlich zurück – ihr werdet hungrig.

Liebe hat zwei Gesichter: Hunger und Gesättigtsein. Du missverstehst den Hunger als Hass. Wenn du einmal verstanden hast, dass es keinen Hass gibt, sondern nur Situationen, um Hunger zu erzeugen, dann wird der Hass zu einem Teil der Liebe und bereichert die Liebe. Dann wird Wut zu einem Teil des Mitgefühls und bereichert das Mitgefühl. Mitgefühl ohne jede Möglichkeit der Wut wird impotent sein, wird keine Energie haben; Mitgefühl mit der Möglichkeit zu Wut hat Stärke, Mark. Eine Liebe ohne die Möglichkeit zum Hass wird schal werden, die Ehe wird dann wie eine Gefangenschaft aussehen, du kannst nicht fortgehen; aber eine Liebe mit Hass hat eine gewisse Freiheit an sich – sie wird nie schal.

In meiner Mathematik des Lebens geschieht die Scheidung, weil du sie jeden Tag hinauszögerst. Dann staut sich die Scheidung an und eines Tages ist die Ehe vollständig davon zerstört. Wenn du mich verstehst, dann schlage ich vor, nicht damit zu warten: Lasst euch täglich scheiden und heiratet wieder. Es sollte ein Rhythmus sein, wie der Tag und die Nacht, Hunger und Sattsein, Sommer und Winter und Leben und Tod. Es wäre dann so: Am Morgen liebst du, am Nachmittag hasst du. Wenn du liebst, liebe wirklich, liebe total; wenn du hasst, dann hasst du wirklich, du hasst total. Und auf einmal wirst du die Schönheit davon entdecken. Die Schönheit liegt in der Totalität. Totaler Hass ist schön, so wie totale Liebe schön ist; totale Wut ist schön, so schön wie totales Mitgefühl. Die Schönheit liegt in der Totalität.

Wut alleine wird hässlich, Hass alleine wird hässlich – sie sind wie das Tal ohne den Hügel, ohne den Gipfel. Aber mit dem Gipfel wird das Tal zu einer schönen Szenerie – vom Gipfel aus wird das Tal schön, vom Tal aus wird der Gipfel schön. Du bewegst dich. Der Fluss deines Lebens bewegt sich zwischen diesen Ufern. Und nach und nach, je mehr du die Mathematik des Lebens verstehst, wirst du nicht mehr denken, Wut sei gegen das Mitgefühl. Sie ist eine Ergänzung. Dann denkst du nicht mehr, dass Ausruhen der Arbeit entgegengesetzt ist – es ist eine Ergänzung. Oder dass die Nacht gegen den Tag ist – sie ergänzt ihn. Sie bilden ein perfektes Ganzes.

Weil du nicht geliebt hast, hast du Angst vor dem Hass – du hast Angst, deine Liebe sei nicht stark genug und der Hass könnte sie zerstören. Du bist dir nicht wirklich darüber im Klaren, ob du liebst oder nicht, deshalb hast du Angst vor Hass und Wut; du weißt, dass es dein Haus vielleicht vollkommen zerstören kann, weil du dir nicht sicher darüber bist, ob das Haus existiert oder ob es nur eine Vorstellung ist, ein imaginäres Haus. Wenn es nur in der Vorstellung existiert, wird der Hass es zerstören, aber wenn es wirklich ist, wird der Hass es stärken. Nach dem Sturm senkt sich die Stille herab. Nach dem Hass sind die Liebenden wieder frisch dafür, sich ineinander zu versenken – so frisch, als begegneten sie sich zum ersten Mal. Wieder und wieder begegnen sie sich, immer wieder zum ersten Mal.

Liebende treffen sich immer zum ersten Mal. Wenn ihr euch zum zweiten Mal begegnet, wird die Liebe schon alt sein, abgestanden. Sie wird langweilig. Liebende verlieben sich jeden Tag frisch, aufs Neue; du schaust deine Frau an und du kannst sie gar nicht erkennen, du hast sie nie zuvor gesehen – so neu. Du schaust deinen Mann an und er kommt dir wie ein Fremder vor. Ihr verliebt euch wieder.

Der Hass zerstört Liebe nicht, er zerstört nur die Schalheit davon. Er reinigt. Wenn du das verstehst, wirst du dankbar sein; und wenn du dankbar sein kannst, hast du es verstanden. Nichts kann deine Liebe mehr zerstören; jetzt bist du zum ersten Mal wirklich verwurzelt; jetzt kannst du den Sturm in dich aufnehmen und durch ihn gestärkt werden, durch ihn bereichert werden.

Sieh das Leben nicht als zweigeteilt an.

aus: Tao: The Three Treasures

Dauerhaft ist nicht ewig

Tief in meinem Innern sehne ich mich nach der Dauerhaftigkeit der Liebe. Ist das dumm?

Liebe kann in zwei Dimensionen existieren: entweder in der Horizontalen oder in der Vertikalen. Wir sind vertraut mit der Liebe, die horizontal ist. Das ist auch die Dimension der Zeit; die Vertikale ist die Dimension der Ewigkeit.

Diese Sehnsucht im Herzen ist nicht nach der Dauerhaftigkeit; da hast du etwas missverstanden. Aber dieses Missverständnis ist fast überall vorhanden, weil wir nur eine Ebene kennen: die Horizontale, die Dimension der Zeit. In dieser Dimension gibt es nur zwei Möglichkeiten: Entweder etwas ist momentan oder es ist dauerhaft. Aber das Dauerhafte ist nichts anderes als viele Momente: auch es beginnt und endet. Dauerhaftigkeit ist nicht ewig, sie kann es gar nicht sein. Nichts, was in der Zeit liegt, kann ewig sein. Das, was in der Zeit geboren wird, muss auch in der Zeit sterben. Wenn es einen Anfang gibt, gibt es auch ein Ende.

Und deine Liebe hat einen Anfang; sie beginnt in einem bestimmten Augenblick in der Zeit. Also muss sie auch ein Ende haben. Ja, sie kann früher oder später enden. Wenn sie schnell beendet ist, nennst du sie momentan, wenn sie ein wenig länger braucht, um zu enden, nennst du sie dauerhaft. Aber Dauerhaftigkeit wird dein Herz auch nicht befriedigen, denn das Herz sehnt sich nach dem, was überhaupt nicht aufhört, nach dem, was für immer existiert. Es ist die Sehnsucht nach Gott. Gott ist ein anderer Name für ewige Liebe.

Jesus sagt: Gott ist Liebe. Und das ist eines der größten Aussagen, die je gemacht wurden. Liebe wird Gott gleichgesetzt. Wenn du die ewige Liebe erfahren hast, dann hast du Gott erfahren. Nichts bleibt mehr, alles ist erfüllt.

Aber der Verstand weiß nichts von der Ewigkeit. Das Herz sehnt sich nach dem Ewigen, aber der Verstand interpretiert das Herz ständig. Und der Verstand kennt entweder nur eine kurzlebige Liebe oder eine langlebige Liebe.

Aber sogar wenn die Liebe ein wenig länger andauert, ist dennoch die Angst da, sie könnte vergehen. Und deine Angst entsteht zurecht – sie wird vergehen. Es ist eher so, wenn du unintelligent bist, wird sie länger andauern. Wenn du sehr dickhäutig und sehr unintelligent bist, dann braucht es eine lange Zeit, bis du die Sinnlosigkeit des Ganzen verstehst. Wenn du sehr intelligent bist, kann es sehr schnell enden, weil du erkennst, dass nicht viel darin verborgen liegt.

Je intelligenter eine Person ist, desto kurzlebiger wird ihre Liebe sein – die Liebe, wie ihr sie kennt. Das ist der Grund, warum mit zunehmender Intelligenz der Menschheit die Liebe ein kurzlebiges Phänomen geworden ist. In der Vergangenheit war sie beinahe dauerhaft; so etwas wie Scheidung gab es nicht. In ungebildeten Ländern gibt es so etwas wie Scheidung immer noch nicht. Je gebildeter, kultureller, verfeinerter ein Land wird, desto höher steigt die Scheidungsrate; aus dem einfachen Grund heraus, weil die Menschen sehen können, dass sie sich miteinander langweilen. Dann gibt es keinen Grund mehr, sich damit weiter zu quälen, dann ist es besser aufzuhören. Aber der Verstand kann etwas beenden und sofort durch eine neue Illusion ersetzen; wieder und wieder. Der Verstand lernt nichts dazu. Sogar die intelligente Person lernt nichts dazu. Und der Verstand ist so machtvoll geworden, dass alles, was aus deinem Herzen kommt, dich, dein Wesen nie erreicht, ohne von deinem Verstand interpretiert worden zu sein.

Das Herz meint Ewigkeit und der Verstand versteht es als Dauerhaftigkeit. Damit verpasst du es. Das Herz sehnt sich nach der vertikalen Dimension; das ist die Ebene der Meditation. Der Verstand lebt in der Horizontalen, deshalb haben die Mystiker aller Zeiten die Tatsache erkannt, dass Verstand und Zeit nicht zwei verschiedene Dinge sind: Der Verstand ist die Zeit. Der Kopf kann nicht vertikal leben; der Kopf lebt in der Vergangenheit, in der Zukunft. Für den Kopf gibt es die Gegenwart nicht. Der Verstand bewegt sich ständig von der Vergangenheit in die Zukunft. Die Gegenwart scheint nur eine Passage zwischen Vergangenheit und Zukunft zu sein.

Ich habe gehört: Ein Jäger ging in den Dschungel, um zu jagen. Ein Freund, der ebenfalls ein Jäger sein wollte, wollte ihn begleiten, aber er war sehr ungeschickt, amateurhaft. Der Jäger sagte: „In Ordnung, du kannst mitkommen."

Er nahm ihn mit an einen Platz, an dem Tiger und Löwen vorbeikamen, denn dieser Platz lag in der Nähe der Wasserstelle, zu der die Tiere kamen, wenn sie durstig waren. Hier verbargen sie sich in einem Busch.

Der Jäger gab ihm Anweisungen. „Wenn es also so weit ist, musst du wach sein und sofort schießen."

Ein Tiger kam vorbei. Der Jäger war sehr erstaunt, weil

der Freund sich beinahe so verhielt, als wäre er eingefroren; er bewegte sich nicht einmal, er tat nichts, um den Tiger zu erlegen. Er fragte seinen Freund: „Was ist geschehen?"

Der Freund sagte: „Er ging so schnell vorüber, dass ich ihn erst sah, als er schon außer Sicht war."

Genau so ist die Gegenwart; du siehst sie erst, wenn sie schon außer Sicht ist, wenn sie bereits Vergangenheit ist, nur dann kannst du sie sehen. Du siehst sie nie als Gegenwart. Der Kopf ist nicht so schnell. Der Kopf ist nicht wach, nicht bewusst. Er träumt. Er ist immer von der Vergangenheit und der Zukunft eingehüllt und der unendlich kleine Moment der Gegenwart geht so schnell vorbei. Er muss sich selbst schneller als das Licht bewegen, denn wir können ihn nie festhalten. Zu dem Zeitpunkt, wo wir uns bewusst darüber werden, ist er schon vergangen. Die Zeit, die wir benötigen, um auf ihn aufmerksam zu werden, reicht schon aus und er ist vergangen. Du erkennst ihn, wenn er schon außer Sicht ist. Also ist alles, dessen du dir bewusst bist, die Vergangenheit – die nicht mehr ist – oder die Zukunft, die noch nicht ist.

Zwischen diesen nicht-existierenden Dingen lebst du.

Die Dimension des Vertikalen ist ein völlig anderes Phänomen: Du springst aus dem Kopf heraus. Das ist es, worum es in der Meditation geht; du verlässt Vergangenheit und Zukunft, du verlässt die Zeit. Du denkst nicht mehr, du träumst nicht mehr, du verlangst nicht mehr. Es gibt keine Erinnerung mehr, keine Vorstellung. Alles ist still.

Dann kannst du die Gegenwart erkennen und du kannst erkennen, dass es nur Gegenwart und nichts weiter gibt. Und die Gegenwart ist ewig. Es ist sogar so, dass die

Gegenwart überhaupt kein Teil der Zeit ist; die Gegenwart ist Teil der Ewigkeit. Sie ist immer jetzt, sie ist niemals anders. Und danach sehnt sich das Herz.

Du bist nicht dumm wegen dieser Herzenssehnsucht, aber du missverstehst sie. Du möchtest Liebe, die aus der Meditation heraus geboren ist, nicht vom Verstand gezeugt. Das ist die Liebe, von der ich fortwährend rede. Das ist die Liebe, von der Jesus sagt: Liebe ist Gott. Es ist nicht eure Liebe; eure Liebe kann nicht Gott sein. Eure Liebe ist nur ein Kopf-Phänomen; sie ist Biologie, sie ist Physiologie, sie ist Psychologie, aber sie ist nicht ewig. Das Ewige kommt aus der Essenz deines Wesens.

Die *Desiderata* wird meine Liebe wesentlich, und deine Liebe unwesentlich nennen. Das Nicht-Wesentliche kann nicht ewig werden. Vielleicht gelingt dir der Versuch, sie dauerhaft zu machen, aber früher oder später wird sie sterben. Du kannst dich damit betrügen, sie sei immer noch da; du kannst zumindest so tun, als sei sie noch da.

Millionen Paare auf der Welt leben so, als ob sie noch da sei. Aber sie leben in einer Welt des „als ob". Natürlich, wie können sie da glücklich sein? Sie sind aller Energie beraubt. Sie versuchen, etwas aus einer falschen Liebe zu bekommen; sie hält nicht, was sie verspricht. Daher die Frustration, daher die Langeweile, daher die ständige Nörgelei, der Kampf zwischen den Liebenden. Sie versuchen beide etwas Unmögliches. Sie versuchen ihre Liebesgeschichte zu etwas Ewigem zu machen; das kann sie nicht sein. Sie ist aus dem Kopf erwachsen und der Kopf kann dir nicht einmal einen Hauch von Ewigkeit vermitteln.

Mein Vorschlag ist: Wenn du wirklich bereit bist, das

Sehnen des Herzens zu erfüllen, dann vergiss alles über die Liebe. Als Erstes gehe in Meditation, denn die Liebe wird aus der Meditation kommen. Sie ist der Duft der Meditation. Meditation ist die Blume – der tausendblättrige Lotus. Lass sie sich öffnen. Lass sie dir helfen dich in die Dimension des Vertikalen zu bewegen, des Wesentlichen, der Zeitlosigkeit und plötzlich wirst du erkennen, der Duft ist da. Dann ist sie ewig, dann ist sie bedingungslos. Dann ist sie nicht einmal an jemand Bestimmten gerichtet. Sie kann gar nicht auf jemand Bestimmten gerichtet sein. Sie ist keine Beziehung, sie ist eher eine Qualität, die dich umgibt. Sie hat mit dem anderen nichts zu tun. Du liebst, du bist Liebe – dann ist sie ewig. Sie ist dein Duft. Buddha ist davon umgeben, Zarathustra, Jesus. Sie ist eine völlig andere Liebe; sie hat eine andere Qualität.

Du fragst nur nach ein wenig mehr Quantität – nicht einen, sondern zwei Tage, drei, vier Tage; nicht ein, sondern mehrere Leben – aber in jedem Fall wird sie zu einem Ende kommen. Und je länger du sie ausdehnst, desto dünner wird sie werden, desto langweiliger wird sie werden, weil sie sterben möchte und du sie ausdehnst. Und manchmal stirbt sie und du kannst sie nicht loslassen; du trägst die Leiche umher. Sie stinkt! Sie war einmal eine wunderschöne Erscheinung: Aber jetzt ist sie einfach tot und stinkt.

In den indischen Schriften gibt es eine wunderschöne Geschichte über Shiva. Seine Frau, Parvati, starb und zwölf Jahre lang hat er die Leiche seiner Frau durch das Land getragen in der Hoffnung, einen Arzt zu treffen, der ihr helfen könnte. Nach und nach fielen die Glieder des Körpers ab, er aber setzte seine Reise auf der Suche nach einem Arzt fort – ein Alchemist, ein Magier, ein Wunderheiler könnte es vielleicht vollbringen. Weinend, schluchzend irrte er im Land umher.

Es gibt zwölf heilige Plätze in Indien. Man sagt, das seien die Plätze, wo Glieder von Parvatis Körper abgefallen sind. Wo immer ein Teil hinfiel, entstand ein heiliger Ort.

Du kannst die Leiche umhertragen, aber den Arzt wirst du nicht finden.

Das ist viel wahrer als die Geschichte von Jesus, der einen toten Mann auferweckt, obwohl es unmöglich erscheint, dass ein Mensch wie Shiva eine tote Frau umherträgt. Aber meine eigene Beobachtung ist: Ich habe Millionen Menschen gesehen, die tote Liebesbeziehungen umherschleppen; sie sind lange gestorben, aber aus Angst tragen sie diese immer noch herum, halten sie fest – halten einfach am Bekannten fest, obwohl da nichts weiter ist als Unglück, aber sie halten fest.

Wenn die Liebe stirbt, dann stirbt sie. Mit der Zeit muss man den Tod akzeptieren und Auf Wiedersehen sagen, ohne Vorwurf, ohne Murren, denn wenn etwas zu Ende geht, was kannst du da tun? Innerhalb der Zeit ist das die Natur der Dinge, sie beginnen und sie enden. Buddha sagt: Alles, was in der Zeit geschieht, ist dazu verurteilt zu sterben. Also akzeptiere das, das ist die Natur der Dinge.

Aber wenn dein Herz sich wirklich nach etwas Ewigem sehnt, dann kann ich dir den Weg zeigen. Lass die Idee der Liebe fallen. Bevor du geben kannst, muss du haben. Du versuchst, etwas zu geben, das du nicht hast. Du versuchst, etwas von jemandem zu bekommen, der es selber gar nicht hat. Wie kann es dann ewig sein? Früher oder später muss die Desillusionierung einsetzen. Wie lange kannst du das mit dir herumtragen? Wie lange kannst du in der Täuschung verbleiben?

Deshalb sage ich, je intelligenter du bist, desto schneller wird es dir aus den Händen gleiten. Nur dumme Menschen können ein Eheleben führen und im Glauben sein, es sei etwas Dauerhaftes. Intelligente Menschen können ein so genanntes Eheleben nicht führen, oder aber, wenn sie es führen, dann werden sie ihre Partner viele Male in ihrem Leben wechseln. Aber jedes Mal wird das Gleiche geschehen.

Der Verstand wird immer andere Gründe finden, aber den wirklichen Grund schaut er sich nicht an. Das kann er nicht, denn den wahren Grund anzuschauen bedeutet Selbstmord für den Verstand. Er wird tausenderlei Fehler an der Frau, an dem Mann, mit dem du zusammengelebt hast, finden, als Grund, warum die Liebe gescheitert ist.

Nicht, dass die zeitliche Liebe zum Scheitern verurteilt ist, nein, diese Frau hat Fehler. Du hast die verkehrte Frau gewählt, du passt nicht zu ihr, ihr seid füreinander nicht gemacht, und so weiter und so fort. Aber früher hast du gedacht, ihr wäret füreinander geschaffen und das hast du vollkommen vergessen. Erinnere dich an diese Tage, den Anfang eurer Liebesbeziehung, da hast du gedacht: „Das wird ewig halten!" Ihr habt euch das sogar versprochen: „Das wird ewig halten!"

Das geschieht jedem. Es ist eine Illusion, eine Luftspiegelung. Und du möchtest eine Fata Morgana dauerhaft machen? Wie kannst du eine Fata Morgana dauerhaft machen? Wie kannst du einen Traum dauerhaft machen? Der Morgen wird kommen und du musst aufwachen. Und wenn du einmal wach bist, kannst du die Augen wieder schließen und versuchen den Traum wiederzufinden, wohin er verschwunden ist. Du möchtest ihn fortsetzen, aber du kannst den Traum nicht wieder aufnehmen. Er ist für immer vergangen. Wenn du einmal erwacht bist, ist er zerbrochen, du kannst den Faden nicht wieder aufnehmen. Er ist nicht wiederherstellbar, vergiss das nicht.

Eine zerbrochene Liebe kannst du nicht flicken – einen zerbrochenen Spiegel vielleicht. Da kann man etwas finden; er kann wieder eingeschmolzen werden und dann ist er wieder eins. Aber bei einer zerbrochenen Liebe kann man nichts tun, es gibt keine Möglichkeit. Daher rührt die Angst. Die Angst zeigt, dass du dir tief in deinem Innern dessen bewusst bist, dass sie dir aus den Händen gleitet, deshalb möchtest du sie dauerhaft machen. Dann gehst du zum Standesamt und heiratest. Das sind die Mittel, sie dauerhaft zu machen. Mach es zu einem Rechtsfall, damit euch das Gericht, die Polizei und die Gemeindeverwaltung, das Gesetz und der Staat auf alle möglichen Arten zurückhalten. Wenn ihr euch trennen wollt, erlauben sie euch die Trennung nicht.

Komm aus deinem Kopf heraus. Vergiss die Liebe völlig. Du hast keine Ahnung von der Liebe, du kannst sie gar nicht verstehen.

Nur durch Meditation wirst du die Dimension deines Wesens verändern. Aus dem Horizontalen wirst du zum Vertikalen kommen. Aus dem Leben für die Vergangenheit und die Zukunft... Warum diese Dauerhaftigkeit? Dauerhaftigkeit bedeutet nur, dass du sie sogar für die Zukunft sichern willst. Du möchtest, dass sie sogar in der

Zukunft so bleibt, wie sie jetzt ist – aber warum? Tatsache ist, sie muss schon davongeflogen sein, denn nur dann fängt man an, sich über die Dauerhaftigkeit Gedanken zu machen.

Wenn zwei Liebende wirklich in der Illusion befangen sind, denken sie nicht an die Dauerhaftigkeit. Frag Liebende in den Flitterwochen, es ist ihnen egal. Sie wissen, dass sie für immer zusammenbleiben werden.

Aber in dem Augenblick, wo es dir entgleitet, sagt der Verstand: „Jetzt halt fest. Mach es dauerhaft. Mache alles, was du kannst, um es dauerhaft zu machen. Schau die Risse nicht an, die sich schon zeigen. Schau nicht hin, vermeide sie, vergiss sie vollständig. Mach weiter damit, sie zu bedecken, schaffe es irgendwie."

Aber du verlangst das Unmögliche.

Ich lehre euch Meditation, und aus Meditation wird eine völlig andere Qualität der Liebe entstehen. Dann ist es kein Herumalbern mehr. Dann ist es Weisheit, keine Narrheit. Dann „fällst" du nicht in Liebe, dann steigst du in der Liebe auf. Dann ist die Liebe eine deiner Eigenschaften. So wie das Licht die Flamme umgibt, so wird dich die Liebe umgeben. Du bist liebevoll – du bist die Liebe. Dann hat sie Ewigkeit. Sie ist nicht auf etwas ausgerichtet. Wer immer dir nahekommt, wird davon trinken. Wer immer dir nahekommt, wird entzückt davon sein, bereichert. Ein Baum, ein Felsen, ein Mensch, ein Tier, es macht keinen Unterschied. Sogar wenn du alleine sitzt...

Ein Buddha, der unter einem Baum sitzt, strahlt Liebe aus. Er überschüttet alles mit Liebe. Das ist etwas Ewiges und das ist die wirkliche Herzenssehnsucht. Missverstehe das nicht – aber der Kopf kann nicht anders als Missverstehen. Verstehen wird nur durch Meditation ermöglicht.

aus: Guida Spirituale

Das eigene Abbild sehen

Immer wieder versuchen wir, Lücken in unserem Wesen durch den anderen, den Gegenstand unserer Liebe, auszufüllen. Und wir schauen einander in die Augen, um das eigene Abbild zu sehen. Also entsteht, wenn dein Geliebter oder deine Geliebte verschwindet, eine Lücke. Weil du den Spiegel vermisst, in dem du dein Gesicht sehen konntest, vermisst du dein Gesicht.

Das ist das eigentliche Probleme, wenn sich zwei Liebende trennen. Sie haben zu viel ineinander investiert. Deshalb bleiben manche Menschen weiterhin zusammen, obwohl die Liebe schon vor langer Zeit vergangen ist – sie können es sich nicht leisten, den anderen zu verlieren. Ehemann und Ehefrau halten aneinander fest, wohl wissend, dass es da nichts zum Festhalten gibt; nichts zum Zusammenhalten. Die Liebe ist bereits vor langer Zeit verschwunden oder vielleicht war sie überhaupt nie da. Und sie wissen das, sie sind sich dessen bewusst und sind unglüklich darüber, aber es gibt nichts, was sie tun können. Tausende von Malen denken sie an Trennung, aber die Idee der Trennung macht Angst, weil das eigene Bild ja in den Händen des anderen ist. Sobald der andere nicht mehr da ist, weißt du nicht mehr, wer du bist. Plötzlich verlierst du deine Identität. Du verlierst deine Seele, dein Selbst. Plötzlich ist alles durcheinander.

Fang diesmal an, mit deinem Alleinsein zu leben. Das ist die Lücke. Dieses Mal versuche nicht, sie auszufüllen. Lass sie dasein. Es wird schwierig, hart, anstrengend…, du wirst dich sehr traurig fühlen, deprimiert; lass das so sein, aber lerne, allein zu leben. Ich sage nicht, dass du dein ganzes Leben alleine sein sollst, aber lerne zuerst, alleine zu leben, dann finde einen Partner. Dann wird die Beziehung auf einer völlig anderen Ebene stattfinden; sie wird kein Spiegel mehr sein. Du kannst alleine leben und nur dann kannst du lieben. Dann ist die Liebe kein neurotisches Bedürfnis mehr. Es ist nicht länger etwas, auf das du angewiesen bist, um dich selbst definieren zu können. Du kannst alleine sein. Du weißt jetzt, ohne deine Liebe, wer du bist. Liebe wird zum Teilen. Weil du etwas hast, möchtest du es teilen. Dann ist die Liebe keine Notwendigkeit mehr, sondern ein Luxus. Und wenn die Liebe ein Luxus ist, dann ist sie wunderschön.

aus: Dance Your Way To God

Macht bloß keinen Alptraum daraus

Am Anfang, wenn zwei Menschen sich begegnen, gibt es keine Erwartungen, alles ist unerwartet, alles ist wunderschön. Nach und nach kommen die Erwartungen hinein und damit das Unglück, weil eure Erwartungen niemals erfüllt werden können. Wenn sie nicht erfüllt werden, fangt ihr an, wütend zu werden, zu kämpfen, euch gegenseitig verantwortlich zu machen.

Dann wird die ganze Geschichte lächerlich.

Verlasst euch auf absolut saubere Weise. Es war ein Traum, der vergangen ist – macht jetzt bloß keinen Alptraum daraus.

aus: Above All, Don't Wobble

Über den Autor

Osho ist ein Mystiker unserer Zeit; sein Leben und seine Lehren üben Einfluss auf Millionen von Menschen jeder Altersstufe und jeder Gesellschaftsschicht aus.

Die *Sunday Times*, London, nennt seinen Namen unter den „Eintausend Schöpfern des Zwanzigsten Jahrhunderts" und für die indische Zeitung *Sunday Mid-Day* gehört er zu den „zehn Menschen, die" – neben Gandhi, Nehru und Buddha – „das Schicksal Indiens wesentlich geprägt haben".

Über sich und seine Arbeit sagt Osho, dass er mithilft, die Voraussetzungen zu schaffen für die Geburt einer neuen Art Mensch. Wieder und wieder beschreibt er diesen neuen Menschen als einen „Sorbas der Buddha" – einen Menschen also, der ebenso zu den irdischen Freuden eines „Sorbas des Griechen" aufgelegt ist, wie zu der stillen Heiterkeit eines Buddha. Wie ein roter Faden zieht sich durch Oshos gesamtes Lebenswerk eine Vision, die der zeitlosen Weisheit des Ostens ebenso verpflichtet ist wie dem hohen Potenzial der westlichen Wissenschaft mitsamt ihren technischen Errungenschaften.

Sein Ruhm beruht aber nicht zuletzt auf seinen revolutionären Anstößen zu einer „Wissenschaft von der inneren Transformation". Osho entwickelte hierzu Meditationsformen, die dem beschleunigten Tempo unserer modernen Lebensweise Rechnung tragen. Seine „aktiven Meditationen" sind so angelegt, dass sie zunächst eine Katharsis der angestauten, durch Stress und Leistungsdruck entstandenen Verspannungen in Körper und Geist herbeiführen, nach der sich dann die Erfahrung des meditativen Zustandes wie von selber einstellt – frei von allen Gedanken und zutiefst entspannt.

www.oshoverlag.de

Gerne senden wir Ihnen unser kostenloses
Verlagsprogramm zu!

Fax: 0221/ 2780466
oder
service@oshoverlag.de

Osho Verlag GmbH
Gilbachstr. 29 a
50672 Köln